어느 날 장벽이 무너진다면

―

한나 쇼트 글
게르다 라이트 그림
유영미 옮김

차례

옆자리 ──── 7

모든 것이 이상한 날 ──── 16

너희 아직 거기 있니? ──── 26

월요 기도회와 고슴도치 아저씨 ──── 35

나도 함께할래요! ──── 45

두려움보다 더 강한 마음 ——— 54

슈피커 씨를 위한 초 한 자루 ——— 70

국경을 넘어 ——— 79

작가의 말 이 모든 이야기가 사실일까요? ——— 92

부록 낯선 단어 뜻풀이 ——— 96

일러두기

1989년의 동독, 서독은 현재의 독일과는 다른 환경이었어요.
책을 읽으면서 당시의 상황을 쉽게 이해할 수 있도록, 알아 두면 좋을 내용들을 ◆로 표시했어요.
부록에서 모두 확인할 수 있어요.

옆자리

나는 9월 1일을 좋아해. 바로 새 학년♦에 올라가는 날이거든! 이 날은 정말 특별한 날이야. 평소랑 다르게 모든 게 다 멋져 보여.

당연히 방학하는 날도 좋아. 하지만 방학이 시작되고 며칠 정도 지나면 좀 지루해져. 진짜 엄청 심심해. 아직 아무에게도 방학이 지루하고 심심하다는 말은 하지 못했어. 그런 이야기를 했다가 다른 애들이 내가 방학을 싫어한다고 오해하면 어떡해! 나를 공부 벌레에다 담임 선생님한테 칭찬까지 받고 싶어 하는 애라고 오해하면 큰일이잖아.

다들 겉으로 말하지는 않지만, 솔직히 두 달간의 긴 방학이 끝나고 새 학년이 시작되는 걸 다른 애들도 조금은 좋아할 것 같아. 물론 개학하면 아침 일찍 일어나야 하고 숙제도 줄줄이 있어서 다들 안 좋아할 거야. 나도 그건 싫거든. 하지만 새 학년의 첫날만큼은 정말 특별하니까 다들 좋아하지 않을까? 처음부터 다시 새로 시작하는 날이잖아. 마치 사방에 무지개랑 별똥별이 가득한 것처럼 모든 게 새롭고 특별해 보이는 날이야. 가장 좋은 점은 방학 동안 헤어져 있었던 친구들을 다시 만난다는 거야! 물론 몇몇 남자애들은 만난 지 오 분도 안 돼서 짜증이 나긴 하지만. 그래도 우리 모두 다 4학년에 올라가니까 남자애들이랑도 사이좋게 지내야지 뭐!

나는 아침 조회 전에 안네와 함께 여자 화장실로 쏜살같이 들어갔어.

"아, 이건 정말 짜증 나."

안네가 스카프를 목에 매면서 말했어.

원래 9월 1일에는 사복을 입고 등교를 하면 안 돼. 텔만 피오네르◆ 단복만 입을 수 있거든. 소매에 자수가 놓인 하얀 블라우스와 남색 바지가 바로 텔만 피오네르 단복이야. 바지 대신에 어두운색 치마를 입어도 되지만 이제 치마를 입는 애는 거의 없어. 지난여름까지만 해도 우리는 파란색 스카프를 맸어. 하지만 오늘부터는 4학년이 되기 때문에 빨간 스카프를 매야 해.

하지만 파랑이든 빨강이든 색과 상관없이 스카프는 좀 바보 같아 보여. 그래서 나도 안네처럼 조회를 서기 직전에 스카프를 꺼내 맸어. 스카프를 매고 전차를 타는 건 약간 창피해. 이유를 말하라면 나도 정확히는 모르겠지만 말이야.

아휴, 집이라면 거울이라도 봤을 텐데 학교 화장실엔 거울이 없었어. 할 수 없이 안네가 내 스카프를 매만졌고, 나도 안네가 노동절 포스터에 나오는 여학생처럼 보이게끔 안네의 스카프를 고쳐 매어 주었어.

"이 정도면 충분해."

안네의 말이 떨어지자마자, 우리는 막 줄을 서기 시작한 아이들 쪽으로 얼른 뛰어갔어.

새 학년의 첫날에는 국기가 게양된 운동장에 전교생이 모두 모여.

"차렷!"

체육 선생님이 외쳤어.

"주목!"

지금은 앞에서 나부끼는 국기를 쳐다봐야 하지만, 나는 오른쪽에 있는 안네를 곁눈질했어. 안네도 슬금슬금 내 쪽을 쳐다봤어. 배가 근질근질하면서 웃음이 터져 나올 것 같았어. 하지만 입술을 앙다물고 간신히 웃음을 참았어.

"평화와 사회주의를 위해 준비!"◆

체육 선생님이 외쳤어.

"항상 준비!"◆

우리는 크게 대답하면서 꾹 참았던 웃음을 터뜨렸어. 체육 선생님이 우리 쪽을 건너다보며 씩 웃었어. 우리가 굉장히 행복한 텔만 피오네르 단원들처럼 보였나 봐.

일 년에 몇 번 정도 전 학년이 조회 시간에 모이곤 해. 맨 처음 1학년 때는 설레기도 했고, 뭔가 잘못하지는 않을까 조마조마하기도 했어. 2학년 때는 꽤 재미있었어. 1학년들 앞에서 여유로운 모습을 뽐낼 수 있었거든. 3학년이 되니까 선생님 눈을 피해 옆 친구랑 조금씩 떠들 수 있었어. 이제 4학년. 올해는 초등학교에서 보내는 마지막 조회인데 어떻게 행동해야 할까? 의젓하게? 좀 어렵네. 찬란한 햇살에 친구들의 흰 블라우스가 눈부

셨고, 국기의 노란 무늬는 진짜 황금처럼 반짝거렸어. 반면에 몇몇 친구들은 얼굴이 방학 전처럼 하얗지 않고 가무잡잡했어.

전교 회장 마체가 마이크 앞으로 걸어 나왔어. 마체는 키는 크지만 목소리가 개미 만큼 작아서 뭐라는 건지 도통 말을 알아들을 수가 없었어.

"베르톨트 브레히트의 시 〈어린이들의 부탁〉을 낭송하겠습니다."

마체는 목을 가다듬고는 시를 읽기 시작했어.

집들이 불타지 않았으면 좋겠습니다.
폭격기 같은 건 몰랐으면 좋겠습니다.
밤에는 잠만 잤으면 좋겠습니다.
벌 받는 것처럼 힘들게 살지 않았으면 좋겠습니다.
엄마들이 울지 않았으면 좋겠습니다.
사람이 사람을 죽이는 일은 없었으면 좋겠습니다.
모든 사람이 좋은 일을 했으면 좋겠습니다.
그러면 서로서로 믿을 수 있을 테니까요.
젊은 사람들이 그렇게 하면 좋겠습니다.
나이 든 사람들도 그렇게 하면 좋겠습니다.

안네와 나는 잠시 서로 마주 보았어. 시가 꽤 마음에 들었어. 이제 우리 차례, 우리는 확성기에서 나오는 음악에 맞추어 노래를 불렀어.

네 앞엔 목표가 있단다.
세상에서 길을 잃지 않도록,
해야 할 일을 알 수 있도록,
번영의 그날을 위해.

안네의 노랫소리가 들렸어. 안네는 나보다 노래를 훨씬 더 잘 불러. 후렴이 시작되자 안네는 더 우렁찬 목소리로 노래를 불렀어.

모두에게 세상을, 모두에게 태양을,
기뻐하는 사람들아, 반짝이는 시선들아.
망치와 삽을 들어라,
우리는 군인들, 행복의 전사들.

흠, 담임 선생님은 이 노래에 나오는 군인들은 우리가 아는 군인과는 좀 다른 의미라고 알려 주셨어. 하지만 어떻게 다르다고 했는지는 기억이 잘 안 나.

다음으로 교장 선생님이 마이크 앞으로 다가갔어. 교장 선생님의 맨들맨들한 머리가 햇살에 빛났어.
"친애하는 학생 여러분! '나의 사랑, 나의 온 힘을 나의 조국 동독에!' 이것이 바로 1989, 1990학년도의 표어입니다. 이런 표어를 위해 우리가 할 수 있는 것이……."

안네와 나는 다시 마주 보았어. 작년에도 이 표어 아니었나? 아니면 표어는 다 비슷비슷하게 들리는 걸까?

뭐, 어쨌든. 나는 교장 선생님의 지루한 말에 귀를 기울이는 대신, 내 자전거를 노란색으로 칠하면 어떨까 하고 고민했어. 자전거를 꼼꼼히 칠하려면 노란 페인트가 얼마만큼 필요할까? 아빠도 괜찮다고 할까? 내가 색칠할 때 도와주실까? 아님 도와 달라고 해 볼까?

마지막으로 함께 노래를 부른 후에 조회는 끝이 났어. 교장 선생님은 모두 성공적인 새 학년을 보내라고 응원해 주셨어. 모두들 각자 교실로 향했어. 우리 반은 작년과 같은 교실을 쓴대. 그래서 나는 3학년 때와 같은 자리에 앉았어. 맨 뒷줄, 안네 옆자리야. 그리고 반대 옆자리는 소피 자리야. 하지만 오늘은 웬일인지 소피가 보이지 않았어.

담임인 라이제강 선생님이 교실에 들어왔어. 우리는 일어서서 선생님께 인사했어. 선생님은 출석부를 들고 한 사람 한 사람 출석을 불렀어.

"나댜? 카르스텐? 이본느?"

라이제강 선생님은 출석을 부르다가 멈칫하더니 이마를 찌푸리고 우리 쪽을 쳐다보았어. 왜 그러시지? 그러고는 다시 출석을 불렀어.

"로니? 우도? 다니엘라? 좋아요, 다들 왔구나! 자, 그럼 시작해 보자. 카르스텐, 분필이 어디 있는지 봐 줄래? 분필이 하나도 안 보이네."

"선생님, 소피가 아직 안 왔어요!"

내가 외쳤어. 누군가 아파서 못 오면 선생님이 출석부에 기록을 하거든.

"소피 하르트만이 안 왔지? 그래, 알고 있단다. 어제 소피 할머니가 알려 주셨어."

라이제강 선생님은 그렇게 말하고는 한숨을 푹 쉬었어. 굉장히 크게 쉬어서 맨 뒷자리까지 한숨 소리가 똑똑하게 들릴 정도였어.

"소피는 아파서 결석한 게 아니야……. 어휴, 소피 가족들은 이 질서 있는 학교에 등교하는 것보다 아이를 체육관에 재우면서 확실하지도 않은 미래를 기다리는 게 더 낫다고 생각하나 보지."

엥? 체육관? 뭐라고? 나는 선생님의 말을 한마디도 이해할 수가 없었어. 안네도 어리둥절한 표정으로 앞쪽만 뚫어져라 쳐다보았어. 그때 잘난

척하기 좋아하는 베니가 의자를 뒤로 젖히더니 우리 쪽을 향해 히죽히죽 웃었어.

"소피는 헝가리에 간 거야. 거기서 있잖아……."

"조용! 베니, 똑바로 앉아라."

라이제강 선생님이 베니 쪽을 향해 소리쳤어.

"자, 이번 학기 시간표를 알려 주마. 그다음 수업을 시작하도록 하자."

헝가리라니, 텔레비전에서 헝가리에 대해 어쩌고저쩌고하는 소리를 듣긴 했는데……. 하지만 소피가, 그렇게 착한 소피가 학교도 빠지고 헝가리에 가다니……. 도대체 무슨 일이지?

모든 것이 이상한 날

왜 아빠가 안 오지? 아빠는 보통 여섯 시가 조금 넘으면 음악 학교에서 돌아와. 그 시간쯤이면 학생들의 시끄러운 연주 수업이 다 끝나거든. 아빠는 바이올린 선생님이야. 나는 아빠가 좀 안됐다고 생각해! 오후 내내 바이올린 활이 끽끽거리는 소리와 음이 맞지 않는 소리를 듣고 있어야 하잖아. 나 같으면 아마 머리가 이상해질지도 몰라. 하지만 아빠는 학생들을 가르치는 게 재미있나 봐. 퇴근해서 집에 올 때면 늘 기분이 좋은지 휘파람을 불거든. 아빠는 단 한 번도 일이 힘들다고 불평한 적이 없어.

나는 부지런히 저녁을 차렸어. 빵을 썰고 냉장고에서 치즈와 소시지도 꺼내 놓았어. 오늘은 엄마가 집에 늦게 오는 날이야. 엄마가 아침 근무를 할 때는 저녁을 차려 주지만 오후 근무일 때는 내가 저녁을 차려야 해. 동생 하노는 아무것도 할 필요가 없어. 이제 겨우 5살이라 엄마나 아빠가 데리러 갈 때까지 유치원에서 기다리기만 하면 돼.

학교가 끝나고 아무도 없는 집으로 돌아오는 건 별로 즐겁지 않아. 요

즘은 밖이 환하지만 일찍 어두워지는 겨울에는 집에 오는 길이 되게 무서워. 특히 어두운 현관을 지나 계단을 오를 때는 정말 그래. 위층에 다 올라가기도 전에 불이 툭 꺼지거든. 그래서 나는 겨울에는 족제비처럼 계단을 엄청 빠르게 올라가곤 해.

우리 집 아래층에는 슈피커 씨가 살고 있어. 내 생각에 아무래도 슈피커 씨는 직장에 안 다니는 것 같아. 늘 집에 있고 누가 현관에 들어오기라도 하면 때맞춰 문을 열거든. 슈피커 씨는 우리 집에 오는 모든 사람들의 이름을 알고 있어. 만약 할머니가 우리 집에 오면 무조건 슈피커 씨 집 초인종을 눌러서 신고를 해야만 해. 할머니가 서독에 살기 때문에 꼭 그렇게 해야 한대. 슈피커 씨는 방문객이 올 때마다 수납장에서 장부를 꺼내 와서 모든 것을 꼼꼼히 기록해. 성, 이름, 거주지, 도착 시간 등을 하나하나 다 적어 둬. 할머니가 집으로 돌아갈 때면, 또다시 슈피커 씨 집의 초인종을 눌러야 해. 슈피커 씨가 장부 마지막 칸에 할머니의 출발 시간을 마저 채워 넣을 수 있도록 말이야.

우리 집을 나서서 거리를 쭉 내려가면 노면 전차♦ 정거장이 나와. 집과 정거장이 가까워서 전차가 브레이크를 밟는 소리가 우리 집에까지 들려. 전차가 서는 소리가 나서 얼른 창가로 뛰어갔어. 엄마, 아빠, 하노가 함께 내리는 모습이 보였어. 셋은 가끔가다 우연히 같은 전차를 타고 와. 나는 창문을 활짝 열었어.

"저녁 차려 놨어요!"

내가 창문 밖에 대고 소리를 질렀어.

"누나!"

하노가 나를 보고는 손을 크게 흔들었어.

하지만 세 사람이 집으로 들어왔을 때 분위기가 좀 이상했어. 왜 다들 표정이 안 좋지? 가족들이 올 때만 기다렸는데. 선생님도, 소피도, 이젠 가족들까지! 오늘 다들 왜 이러는 거야?

"아, 오늘은……. 정말 이런 날은 처음이었어."

엄마가 의자에 털썩 주저앉았어.

"나도 하루 종일 어리둥절했어……. 이게 정말 꿈인가 싶었다니까."

아빠가 힘없이 말했어.

"유치원도 이상했어."

하노는 소시지 하나를 입에 넣고 우물거리며 말했어.

"다들 무슨 일이야? 근데 엄마 아빠, 우리 밥부터 먼저 먹으면 안 될까요? 나 지금 너무 배고파요."

내가 보챘어.

셋은 식탁에 앉자마자 앞다투어 말했어. 아빠는 빵가루까지 뿜으면서 말했어.

"학생 중에 카로라는 애가 있는데 요즘 바이올린 실력이 많이 늘었어. 오늘 수업을 엄청 기대했거든. 그런데 십 분이 지나도 통 안 오는 거야. 그래서 직원에게 물었더니 '아 슈미첸 가족도 헝가리로 갔어요. 모르셨어요?'라는 거야. 세상에…… 내가 그걸 어떻게 알았겠어!"

"오, 당신은 오늘 그런 일이 있었구나. 학생 한 명이 수업에 빠지는 것도 안 좋은 일이지. 그런데 우리는 오늘 어땠는지 알아? 수술받아야 하는 환자가 수술을 못 받았어! 박사 한 명이 병원에 안 나왔다고. 아무 말도 없이 그냥 사라져 버린 거야! 체코슬로바키아◆의 프라하에 있는지 헝가리에 있는지 모를 일이야."

엄마가 씩씩거렸어.

"떠난 사람들은 나쁜 사람들이야."

하노가 입안 가득 음식을 넣은 채 말했어.

"누가 그러던?"

"리타가."

하노가 말했어. 리타는 하노가 다니는 유치원에서 소문난 똑순이야.

"하노, 그런 말 하면 못써."

엄마는 고개를 저었어.

"뭐 그렇게 말할 수도 있지. 모두가 그렇게 가 버리면 어떡하냐고!"

아빠는 오늘 평소와 달리 유독 목소리가 컸어.

"그러면 수술받아야 하는 환자들은 어떡해요?"

내가 엄마에게 물었어.

"글쎄, 아무래도 수술 날짜를 재조정해야겠지? 오늘은 아주 급한 환자들만 수술을 받았어. 4병동에도 간호사 한 명이 빠졌거든. 임상 병리실의 신입 간호사는 이미 이 주일 전부터 안 나왔고."

"엄마, 나도 헝가리에 가 보고 싶어."

하노가 불쑥 말했어.

"절대로 안 돼!"

아빠가 벌떡 일어서서는 창가 쪽으로 가서 소리쳤어.

"가는 사람들은 뭐 가고 싶어서 가겠어?"

엄마는 그릇들을 치우며 못마땅하다는 듯 종알거렸어.

"우리 반 친구 한 명도 헝가리에 갔어요."

나도 한마디 꺼냈어. 하지만 아무도 내 말을 듣지 못했어. 텔레비전에서 시끄러운 행진곡이 울려 퍼졌거든. 오늘이 세계 평화의 날◆이래.

"어느 방송에서든 이 나라에서 무슨 일이 일어나는지 있는 그대로 좀 보여 줄 수는 없나?"

아빠가 짜증이 난 얼굴로 서독 방송으로 채널을 돌렸어. 학교에서 서독 방송을 보면 안 된다고 배웠는데 아빠는 선생님이지만 매일 서독 방송을 봐. 물론 삼촌이 집에 오는 날에는 동독 방송만 틀어. 모르는 사람이 초인종을 누를 때도 마찬가지고.

뉴스가 시작되기 전에 잠시 광고가 나왔어. 하노는 과일 요거트 광고를 가장 좋아해. 나는 어떤 광고보다 바비 인형이 나오는 광고가 제일 예쁜 것 같아. 요즘 바비 광고에는 매일 새로운 머리 스타일을 연출할 수 있는 다양한 머리 꾸미기 도구들이 나오거든. 나는 할머니에게 바비 인형이 갖고 싶다고 두 번이나 말했어.

"어휴, 프리치!"

하지만 그때마다 할머니는 늘 이맛살을 찌푸리면서 말하셨어. 난 그게 무슨 의미인지 잘 모르겠어. 동독에서는 바비를 살 수도, 볼 수도 없는 걸.

아까 가족들이랑 얘기한 것처럼 서독 뉴스도 헝가리와 프라하 이야기

로 시끌시끌했어. 나는 어쩌면 소피가 텔레비전에 나오지 않을까 하고 유심히 보았어. 하지만 마이크를 든 아저씨들이 높은 장벽 앞에 서서 알아들을 수 없는 말만 되풀이할 뿐이었어.

"자, 코 자야지!"

아빠가 하노의 손을 잡았어. 아빠는 보통 하노를 재우기 전에 하노와 레슬링을 한판 하거나 서로 간지럽히면서 장난을 치곤 해. 하지만 오늘은 하노의 손을 덥석 잡더니 방으로 얼른 데려갔어.

하노와 나는 같은 방을 써. 하지만 하노의 취침 시간은 일곱 시 반이고

 나는 여덟 시 반이라 한 시간 정도 더 부모님과 함께 있을 수 있어. 가끔은 괜찮아. 텔레비전을 한 시간 더 볼 수 있거든. 하지만 안 좋을 때도 있어. 엄마 아빠가 그 시간에 청소를 하거나 설거지와 그릇 정돈 같은 집안일을 하면 옆에서 거들어야 해.
 그런데 오늘 엄마 아빠는 웬일인지 나더러 부엌에 있지 말고 거실에서 놀다가 자라고 했어. 우아, 대박이야! 나는 거실 탁자에 놓아둔 퍼즐을 맞추려고 했어. 파란 하늘은 퍼즐 조각이 다 비슷비슷해서 이 부분을 찾는 게 가장 힘들어. 혼자 열심히 퍼즐을 맞추고 있는데 부엌과 거실 사이의 문이 빼꼼 열려 있어서 엄마 아빠의 이야기 소리가 다 들렸어. 엄마 아빠

는 처음에 소곤소곤 말을 했어. 그런데 갑자기 부엌에서 큰 소리가 났어.

"절대 안 돼! 국민들이 다 가 버리는 걸 나라가 어떻게 그냥 보고만 있어! 난 정부를 이해한다고. 국경을 어떻게……."

아빠가 말했어.

"정말 이해한다고?"

엄마의 목소리가 떨렸어.

"그럼 당신은 몇십 명의 환자를 책임진 박사가 하루아침에 모습을 감추는 걸 이해해? 서독에 진짜 콜라가 있다는 이유로? 아니면 지중해에서 수영하고 싶다는 이유로? 그런 사실 때문에 나라를 버린다고? 세상에나."

나는 살금살금 문 쪽으로 다가갔어. 하지만 아까와 다르게 부엌이 조용했어. 문틈으로 둘의 모습이 보였어. 엄마 아빠는 식탁보가 깨끗한지 점검이라도 하는 것처럼, 앉은 채로 식탁만 뚫어져라 쳐다보고 있었어. 그러다 엄마가 의자에서 벌떡 일어났어.

"나도 곧 떠날 거야."

엄마가 단호하게 말했어.

목소리는 작았지만, 엄마가 거실 문 가까이에 서 있어서 나한테까지 소리가 들렸어.

"우리 애들이 이런 멍청한 나라에서 자라는 걸 원치 않아."

엄마는 그 말을 하고는 복도로 나갔고, 잠시 후 욕실 문 여는 소리가 들렸어. 부엌에 혼자 남은 아빠는 식탁 앞에 앉아 손으로 머리칼만 계속 헝클어뜨렸어.

너희 아직 거기 있니?

　프라하와 헝가리를 둘러싼 골치 아픈 일들이 모두를 혼란스럽게 만들고 있는 것 같아. 새 학기는 금요일에 시작했어. 금요일은 분명 뭔가를 시작하기에는 좋지 않은 요일이야. 다음 날에 바로 주말이 오니까 놀고 싶잖아. 하지만 9월 1일이 금요일인 걸 어쩌겠어. 개학 날에 여름방학이 끝나고 돌아오지 않은 아이들의 빈자리가 군데군데 눈에 띄었어. 토요일은 3교시 수업을 하는데 그날도 마찬가지로 몇몇 애들이 안 나왔어. 하루 종일 우리 반은 쉬는 시간마다 사라진 친구들에 대해 떠들었어.
　"소피는 어디에 있는 걸까?"
　"4b반의 안야와 링고는 대체 어딜 간 거지?"
　"왜 선생님들은 아무 이야기도 안 해 주시는 거야?"
　선생님들은 마치 아무 일도 없었던 것처럼 방학 전과 똑같이 우리를 대했어.

　오늘은 일요일. 저녁에 할머니가 전화를 하셨어.
　"너희들 아직 거기 있는지 궁금해서 전화했다!"

할머니의 목소리가 전화기 밖으로 쩌렁쩌렁 울려 퍼졌어. 할머니는 전화를 걸 때마다 늘 수화기에 대고 소리를 지르시곤 해. 할머니가 사는 뮌헨과 우리가 사는 라이프치히 사이에 전화선이 아니라 터널이 놓여 있어서, 크게 소리를 질러야 우리가 들을 수 있다고 생각하시나 봐. 그래서 전화기 근처에 있으면 모두가 할머니의 말을 들을 수밖에 없어.

"우리가 왜 떠나야 하죠?"
아빠가 부루퉁한 목소리로 대답했어.
"우리는 출근도 하고 학교도 다녀야 해요. 집이 무너진 것도 아니고 멀쩡하기만 한데 가긴 어딜 가요."
"난 그저…… 텔레비전을 보면 동독 사람들 절반이 헝가리에서 텐트 생활을 하는 것처럼 보여서 말이다."
할머니는 약간 기분이 안 좋으셨나 봐. 목소리가 조금 줄어들었어.
"엄마, 걱정하지 마세요. 사실 요새 동독을 떠나는 사람들이 점점 늘어나서 정신이 통 없기는 해요. 하지만 나라를 변화시키고 싶은 사람이라면

무엇보다 여기 남아 있어야죠."

할머니가 한숨을 쉬었어.

"아들아, 하지만 동독은 이제 허물어져 가잖니."

"프리치 바꿔 드려요? 프리치 내 옆에 있어요."

아빠는 원래도 통화를 별로 안 좋아해. 아빠는 얼른 내게 수화기를 넘겼어.

"할머니, 안녕하세요! 저 이제 텔만 피오네르 단원이 됐어요!"

"뭐가 돼?"

"텔만 피오네르!"

나도 할머니처럼 큰 소리로 외쳤어.

"흠."

할머니는 동독에 있는 건 뭐든지 다 안 좋게 생각하시는 것 같아. 할머니는 우리 집에 올 때마다 집이 너무 춥다고 고개를 설레설레 흔드셔. 우리 집에는 석탄 난로가 두 개 있어. 하지만 방에는 난로가 없어서 추우면 잘 때 방문을 열어 놓아야 해. 사실 나도 이건 좀 불편해.

그리고 할머니는 이웃들과 전화를 공동으로 쓰는 것도 못마땅해하셔. 우리가 살고 있는 건물은 집집마다 전화번호는 다르지만, 전화기는 우리 집에 딱 한 대 있거든. 그래서 이웃인 바이저 씨네의 전화가 오기라도 하면 얼른 달려가서 전화를 받으라고 알려 줘야 해. 할머니는 우리 집에 오면 당장 뮌헨에 전화를 걸어 국경에 문제가 없었다고 알려 주고 싶어 하셔. 그런데 마침 다른 집에서 전화를 쓰고 있거나 전화가 오기라도 하면 할머니 얼굴엔 불만이 가득해.

"하이고, 어째 이놈의 나라는 모든 걸 나눠 쓰냐!"

게다가 동독의 트라비◆ 자동차에 대해서는 혀를 끌끌 차셔.

"플라스틱 차라니 쯧쯧. 그나저나 트라비는 엔진이 필요 없겠어. 너희 동네는 온통 내리막길이니."

그래서 할머니를 상대하려면 인내심이 좀 필요해. 나는 할머니가 또다시 동독에 대해 안 좋은 얘기를 하실까 봐 얼른 인사를 했어.

"할머니, 우리 집에 또 놀러오세요!"

"그래, 다들 보고 싶구나. 하노에게도 할머니 인사 전해 주렴!"

"그럴게요. 할머니, 안녕히 계세요!"

마지막으로 전화선 속에서 난쟁이들이 캠프파이어를 하는 것처럼 후드득거리는 소리가 들리더니 곧 조용해졌어.

곧이어 침실에서 엄마가 출근 복장으로 갈아입고 나왔어. 일요일 밤에는 야간 근무조라 출근을 해야 하거든.

"어머니는 걱정 안 되실까? 전화로 하나하나 자세히 말하면 도청 당할 수도 있는데!"

엄마는 침실 문틈 사이로 통화 내용을 다 들었나 봐.

"나는 문제가 될 만한 이야기는 한마디도 안 했어. 전화도 금방 끝냈으니까 걱정 마."

아빠는 엄마가 밤에 먹을 간식을 만드는 중이었어. 엄마는 간호를 끝내고 환자들이 다 잠자리에 들면, 병동의 간이 부엌에 앉아 간식을 먹고 책을 읽거든. 여름방학에 아빠랑 같이 엄마를 보러 병원에 간 적이 있어. 무려 밤 열한 시쯤 갔었어.

"도청이 뭐야?"

하노는 늘 노는 데 정신 없어서 주변에서 하는 말을 전혀 안 듣는 것 같아. 하지만 대화 중에 특별한 단어가 나오면 폴짝 일어나 끼어들어.

"아이스크림이라고? 누가 아이스크림 갖고 있어?"

이런 식으로 말이야. 그래서 엄마는 하노가 망을 잘 보는 동물인 미어캣 같다고 가끔 미어캣이라 불러.

"우리 미어캣, 도청이라는 단어를 모르는구나? 그건 누군가 호기심을 갖고 남의 이야기를 엿듣는 걸 말하는 거란다."

엄마가 말했어.

"슈피커 씨처럼?"

우아, 하노는 정말 굉장해.

"아니, 슈피커 씨처럼 엿듣는 걸 말하는 게 아니야. 전화를 할 때 우리가 모르는 사람들이 특별한 장비를 사용해서 전화 내용을 몰래 듣기도 하거든. 어디서든 우리를 지켜보는 누군가가 있을 수 있어. 그래서 할머니가 전화할 때 웬만하면 헝가리 이야기를 안 하는 게 좋지."

"헝가리가 어때서?"

크크, 맞는 말이야. 하노가 궁금한 걸 물어봐 주니 속이 다 시원하네. 어

린 애들은 그래도 돼. 하지만 나 정도 나이가 되면 모든 걸 혼자서 다 알아내야 해. 마치 탐정처럼 말이야. 아빠 생각은 어떻지? 엄마는 어떻게 생각하는 걸까? 선생님은 뭘 알고 있는 거지? 이런 식으로 계속 머리를 굴려야 해. 너무 복잡해.

"귀염둥이들, 이리 와서 아빠 좀 도와주겠니?"

아빠가 우리를 불렀어.

아빠는 하노더러 사과 두 개를 씻으라고 하고, 내게는 당근 껍질을 벗기라고 했어.

"왜 할머니만 우리 집에 와요? 우리도 할머니 집에 놀러 가면 좋은데."

내가 아빠에게 물었어.

"우린 젊어서 그쪽으로 여행갈 수 없단다."

"그런 게 어딨어요! 그럼 할머니가 될 때까지 여행을 못 가는 거예요?"

"하하, 그럴지도 모르지. 나이가 들어 더 이상 일을 할 수 없는 사람들만 어디든 다닐 수 있어."

"왜 꼭 나이를 먹어야만 해요?"

"동독은 국민들이 꼭 필요하거든. 예전에 많은 사람들이 서독으로 여행을 갔다가 돌아오지 않았어. 지금까지도 말이야. 그래서 지금은 동독 사람들이 여행하는 게 어려워졌지."

"불공평해요. 안 돌아온 건 그 사람들인데, 쳇. 그런데 헝가리에 간 사람들은 왜 다시 돌아오지 않는 거예요? 그곳에서 뭘 하고 있어요?"

"지금은 아무것도 안 할걸. 아마 온종일 앉아서 국경이 열리기만을 기다리고 있을 거야. 헝가리 정부가 오스트리아로 넘어가는 국경을 열어 줄 거라고 믿으니까. 국경이 열리면 오스트리아를 통해 서독으로 가겠지."

"서독에 왜 가는 거예요?"

이번엔 하노가 물었어.

하노는 사과를 씻는다더니 싱크대 주변을 물바다로 만들어 놓았어.

"하노, 좋은 질문이네! 다들 거기서 처음부터 다시 시작하려는 거야. 살 집을 구하고, 새로운 일자리를 찾고, 학교도 다니고, 새 친구도 사귀고…… 적어도 10년쯤 지나야 고향에 다시 돌아올 수 있을걸? 가능하다 해도 말이야."

"10년이라고요?"

나는 너무 놀란 나머지 크게 소리쳤어.

"그럼 소피랑 나는 19살인데!"

"동독에서 살면 늘 감시를 받지만, 소피는 서독에서 지내면서 대입 시험을 치르고 본인이 원하는 곳에서 원하는 공부를 할 수 있을 거야. 소피네 엄마 아빠는 소피에게 어떤 게 더 나은지 알고 있겠지."

엄마가 부엌으로 들어오며 한마디 했어.

"엄마, 감시는 뭐예요?"

하노가 또다시 물어봤어.

"귀여운 녀석, 넌 정말 꼬치꼬치 캐묻는구나."

엄마는 하노 머리를 쓰다듬었어.

"당신, 뭘 이렇게 많이 쌌어? 내가 무슨 여행이라도 가는 줄 알아? 설마 나도 멀리 떠나 버릴 거라고 생각하는 건 아니지?"

 엄마가 간식을 가방에 집어넣으면서 웃었어.

 하지만 나는 엄마의 농담이 하나도 재미없었어. 진짜 엄마가 소피처럼 갑자기 떠나면 어떡해. 그런 일이 없기를 바라고 또 바라면서 엄마 볼에 작별의 뽀뽀를 쪽 해 줬어.

월요 기도회와 고슴도치 아저씨

"좋은 아침! 준비!"

담임 선생님이 교실로 들어오면서 외쳤어.

"항상 준비!"

우리는 얼른 일어서서 인사를 했어.

월요일 1교시는 '내 고장 알기' 수업이야. 선생님이 9단원을 펼치라고 했어. 오늘은 에르츠산맥에 대해 배울 건가 봐.

"으아, 엄청 재밌겠군."

안네가 크게 하품을 했어.

나도 안네를 따라 하품하는 척했어. 그러자 라이제강 선생님이 심상치 않은 눈길로 우리 쪽을 건너다보았어. 이런, 방심했다. 안네랑 떠들다가 선생님한테 걸리면 멀리 떨어져 앉아야 하거든. 다행히도 선생님은 우리 자리를 멀리 떨어뜨려 놓지는 않았어.

"어이 거기 수다쟁이들, 좀 떨어져 볼래? 프리치 옆자리가 비었으니까 프리치가 그 옆으로 옮겨라. 바짝 붙어서 떠들지 말고!"

하지만 나는 소피의 자리로 옮기고 싶지 않았어. 우리는 수다쟁이도 아

니고, 그곳은 여전히 소피의 자리인걸.

"자, 내 말 들리지? 우물쭈물하지 말고 얼른 시키는 대로 하렴! 반 전체가 기다리게 하지 말고."

나는 찍소리도 못 하고 책가방을 갖고 가 빈자리로 옮겨 앉았어. 선생님에게 반항해 봤자 아무 소용이 없으니까. 나는 인상을 쓰고 앞만 쳐다봤어. 소피의 자리에 앉으니 기분이 진짜 이상했어. 소피가 갑자기 낯설어진 느낌이 들고, 우리가 벌써 소피를 잊어버린 듯한 기분이었어.

3교시에 옆 반 담임인 뵈트허 선생님이 우리 교실로 들어왔어.

"다들 우리 두 반이 가을 방학 전 주에 함께 에르츠산맥으로 수학여행을 간다는 거 알고 있겠지? 우리는 유스 호스텔에서 묵을 거야. 등산도 하고 하루는 드레스덴에도 다녀올 건데, 혹시 그때 함께 못 가는 사람 있니? 내일까지 유스 호스텔에 정확한 인원을 통보해야 한단다."

아무도 손을 들지 않았어. 하지만 한 달 뒤에 감기에 들지, 팔이 부러질지 지금 어떻게 알 수 있겠어?

그때 벨라가 살짝 손을 들더니 기어들어가는 목소리로 말했어.

"전 아무래도 못 갈 것 같아요."

"못 갈 것 같다니, 그게 무슨 뜻이지?"

뵈트허 선생님이 다그치듯 물었어. 그러자 라이제강 선생님이 끼어들었어.

"제가 사정을 알아요. 일단은 모두 참석하는 걸로 해 주세요."

"음, 알겠어요. 모두 참석."

뵈트허 선생님은 가져온 종이에 기록하면서 밖으로 나갔고 수업은 계속되었어.

집에 가는 동안 마음이 무거웠어. 조금 슬픈 것 같기도 했어. 아니면 그 중간인가? 원래는 벨라에게 무슨 일이 있는 건지 쉬는 시간에 묻고 싶었어. 너희 가족도 헝가리로 가는 거냐고 말이야. 하지만 선뜻 벨라에게 물어볼 수가 없었어. 벨라는 계속 남자애들이랑 같이 놀고, 나는 여자애들이랑 함께 있었거든.

벨라네는 우리 집에서 멀지 않아서 같은 전차를 타는 날도 많았어. 하지만 하필 오늘은 벨라가 안 보였어. 같이 탔다면 물어볼 수 있었을 텐데.

나는 혹시나 해서 일부러 한 정거장 먼저 내려 벨라 집을 가 보기로 했어. 벨라가 집 근처에 있을지도 모르잖아.

하지만 집 앞에는 눈에 익은 벨라네 자동차만 덩그러니 세워져 있을 뿐, 사람은 한 명도 없었어. 자동차 안테나에는 하얀 리본이 매어져 있었는데 그걸 보니 왠지 모르게 기분이 이상했어.

집에 오니 엄마와 하노가 밥을 먹고 있었어.

"벌써 먹어요? 많이 배고팠어?"

"프리치, 미안해. 어서 먹으렴. 네가 올 때까지 기다릴 수가 없었어. 다섯 시에 니콜라이 교회에서 평화의 기도회가 열려서 가려고 해. 하노는 같이 가겠다는데 너도 같이 갈래?"

엄마가 말했어.

평화의 기도회? 그게 뭐지? 음, 아무튼 재미있을 것 같지는 않은데. 하지만 집에 혼자 있기도 싫었어.

"같이 갈래요."

나는 얼른 밥을 먹었어. 삼십 분 뒤 우리는 교회에 도착했어.

등교하면서 거의 매일 니콜라이 교회 앞을 지나갔지만, 교회 안으로는 한 번도 들어가 본 적이 없었어. 어릴 때 교회에 들어가 본 적이 있을까? 기억이 잘 안 나. 어쨌든 교회는 소수의 사람들만, 할머니 할아버지들만 다니는 거라고 생각했어. 하지만 교회 안으로 들어가 보니 사람들이 가득했어. 우리는 세 사람이 나란히 앉을 자리를 한참 찾아다니다가 간신히 하얀 의자에 끼어 앉았어. 주변에 있는 사람들은 거의 모두 어른들이었어. 하지만 할머니 할아버지만 있는 건 아니었어. 하노와 나 말고 애들도 몇 명 보였어.

한 아저씨가 마이크 앞으로 나왔어. 청 재킷을 입고 머리는 꼭 고슴도치 같았어.

"우리는 나라에 변화가 필요하다고 생각하기 때문에 이곳에 모였습니다. 7년 전부터 월요일마다 모였지요. 처음에는 몇 사람뿐이었는데, 지금은 교회 안이 가득 찼습니다. 아마 이 나라를 떠나고 싶은 마음으로 이곳에 오신 분도 계실 것입니다. 하지만 우리 중 대부분은 지금 이곳에 남아

나라를 위해 기도를 하고 싶으실 테지요."

혹시 벨라가 이곳에 왔던 걸까? 소피도 전에 부모님과 함께 이곳에 왔었을까? 엄마는 왜 우리를 이곳에 데리고 왔지? 설마 엄마도 이 나라를 떠나려고 하는 걸까? 엄마는 평소에 기도를 하지도 않는데, 도대체 여기에 왜 온 걸까?

질문이 꼬리를 물고 내 머릿속을 빙빙 돌았어. 고슴도치 아저씨의 말은 더 이상 귀에 들어오지 않았어. 나는 아저씨 옆에 있는 거대한 흰 기둥만 계속 올려다보았어. 기둥 윗면은 초록색이라 마치 하늘 높이 솟은 야자수처럼 보였어. 어떻게 저 높은 곳을 칠할 수 있었을까? 저 위에 거미줄이 생기면 어떻게 치울까? 아마도 못 치우겠지?

갑자기 하노가 내 옆구리를 찔렀어. 정신 차려 보니 나만 빼고 모두가 일어서 있었어. 사람들은 내가 모르는 노래를 부르며 주머니에서 초를 꺼냈어. 엄마도 초를 꺼내 우리에게 하나씩 건네주었어. 앞줄의 아저씨가 초에 불을 붙인 다음 우리의 초에도 불을 붙여 주었어. 사람이 너무 많다는 사실만 빼면 약간 크리스마스 같은 분위기가 났어.

"주님의 평화 가운데 안녕히 돌아가십시오!"

잠시 후 고슴도치 아저씨가 그렇게 말하더니 다시 한번 크게 외쳤어.

"폭력은 절대 안 됩니다! 밖에서 어떤 일이 일어나건 꼭 비폭력을 유지합시다."

사람들이 하나둘씩 자리에서 일어났어. 엄마는 몹시 걱정스런 표정이었어. 사람들이 너무 많아서 우리 촛불이 주변 사람들의 옷으로 옮겨붙을까 봐 걱정하는 걸까? 나는 촛불이 다른 사람들의 옷에 닿지 않도록 굉장히 조심했어. 다행히 촛농 몇 방울만 내 신발에 떨어졌어.

그런데 문 앞에 가기도 전에 환한 빛이 번쩍였어. 하마터면 촛불을 떨어뜨릴 뻔했어. 정말 깜짝 놀랐어. 빛은 몹시 환해졌다가 금세 사라졌고, 거대한 카메라를 든 사람들이 우리 앞에 서 있었어. 내 옆에는 젊은 남자 두 명이 기다란 하얀 천을 높이 들고 있었는데, 천에 적힌 문구는 읽을 시간이 없었어. 순식간에 나이 든 아저씨들이 들이닥쳤고 천을 아래로 잡아 채더니, 두 사람의 목을 팔로 감아 꼼짝 못 하게 만들었거든.

이곳저곳에서 비명이 울리고 근처에서는 누군가 안 좋은 말을 내뱉었어. 하지만 사람들이 마구 뒤엉켜 있어서 젊은 사람의 목소리인지, 나이 든

아저씨의 목소리인지 알 수 없었어.

"어서 이곳을 빠져나가자!"

엄마가 내 옷소매를 잡아끌었고 하노를 엄마 외투 속으로 감쌌어. 그 바람에 하노의 촛불이 꺼져 버렸어. 나는 사람들의 발을 밟아 가면서 간신히 카메라와 싸움판 사이를 뚫고 나왔어. 겨우 교회 옆쪽으로 왔지만 이곳도 북적이긴 마찬가지였어. 교회에 미처 들어가지 못한 사람들이 이곳에서 촛불을 들고 서 있었어.

"서로 떨어지면 안 돼. 엄마 손 꼭 잡아! 정류장까지 절대 손 놓지 마."

집에 도착하니까 거의 여덟 시가 다 되었어. 우리는 터덜터덜 계단을 올라갔어.

엄마는 얼굴이 벌겋게 달아올랐고, 하노는 배고프고 피곤하다며 큰 소리로 울었어. 나는 이상하게 무릎이 계속 후들후들 떨렸어.

우리가 계단을 오르는 소리를 들었는지 아빠가 이미 문 앞에 서 있었어.

"당신 제정신이야? 거기가 얼마나 위험한지 알기나 해?"

아빠가 엄마를 쏘아보며 소리쳤어.

아빠가 그런 눈빛으로 엄마를 쳐다보는 건 처음이었어.

"미안해, 실수였어. 앞으로 애들은 데려가지 않을게."

엄마는 지친 듯 문틀에 몸을 기대고 말했어.

"하지만 난 월요일마다 교회에 갈 거야. 꼭 가야만 해."

나도 함께할래요!

내가 텔레비전 뉴스에 나왔대, 그것도 서독 텔레비전에! 할머니가 나를 보셨을지도 몰라!

"어쩌냐……. 할머니가 봤으면 기절초풍하셨을 텐데."

아빠는 계속 걱정했어.

사실 난 어젯밤 엄청 지쳐서 금방 곯아떨어졌었어. 하지만 엄마 아빠는 늦게까지 뉴스를 봤는데, 우리가 교회에서 막 나오는 장면이 나왔다는 거야. 하얀 천에 쓰인 문구도 선명하게 보여 줬대. '자유 국민, 열린 국가를 위해'라고 적혀 있었대. 이어서 천을 찢는 아저씨들의 모습도 나왔다고 해. 오늘 아침을 먹을 때 엄마 아빠가 다 말해 주었어.

"학교 가서 입도 뻥긋하지 마. 텔레비전에 나왔다는 것만으로도 이미 충분히 나쁜 일이니까."

아빠는 나를 보고 타이르듯이 말했어. 하지만 엄마의 생각은 역시나 달랐어.

"왜 애한테 겁을 주고 그래! 프리치, 먼저 말할 필요는 없어. 하지만 교회에 간 게 무슨 죄를 지은 건 아냐."

"그렇지만 니콜라이 교회는 여느 교회랑은 다르잖아. 다들 어떤 사람들이 거기에 모이는지 알고 있다고."

엄마 아빠가 다투고 있지만, 나는 학교에 가야 할 시간이 다 됐어. 나는 점심 시간에 먹을 빵을 집어 들고 잽싸게 계단을 내려갔어.

맙소사, 아빠는 내게 조심하라고 경고할 필요도 없었어. 난 학교에서 아무에게도 이야기할 필요가 없었거든. 이미 모두가 알고 있었으니까! 교실에 들어서자마자 친구들이 내게 몰려와 아는 체를 했어.

"야, 프리치! 우리 엄마가 너 텔레비전에서 봤대!"

"이야, 유명해진 기분이 어때?"

"너희 엄마 정말 대단하신 것 같아! 라이제강 선생님도 보셨을까?"

"틀림없이 보셨을 거야. 하지만 봤다고 안 하실걸."

그렇게 한참 떠들고 있는데 어느샌가 담임 선생님이 들어왔어. 선생님은 인사를 한 다음, 내 쪽을 흘깃 보더니 마치 문장을 외워서 말하는 것처럼 큰 소리로 또박또박 말했어.

"너희들도 알다시피 라이프치히는 손님을 환대하는 개방적인 도시다. 바로 지금 박람회 기간 동안, 외국 방송국 사람들이 라이프치히 곳곳의 모습을 담고 있어. 하지만 우리 학교 학생 하나가 불법적인 모임에 갔다가 카메라에 찍혔다지? 정말 유감스럽구나. 다시는 그런 일이 일어나지 않았으면 한다."

나는 순간 얼굴이 확 달아올랐어. 아마 새빨개졌을 거야. 선생님이 무슨 말을 하는지 정확히 알아들을 수 없었지만, 나는 무조건 고개를 끄덕였어. 반 애들이 내 쪽을 쳐다보았어. 선생님은 곧바로 수업을 시작했어. 선생님이 받아쓰기를 시켜서 다행이었어. 모두가 노트를 쳐다보느라 더 이상 아무도 그 일에 대해 말하지 않았거든.

집에 돌아온 뒤 학교에서 있었던 일은 말하지 않았어. 말했다가는 엄마랑 아빠가 또 싸울지도 모르니까. 요즘 정말 서로 보기만 해도 으르렁대거든. 하루도 잠잠할 날이 없어.
목요일에는 벨라가 정말로 학교에 오지 않았어. 하얀 리본을 단 벨라네 차도 더 이상 보이지 않았어······.

"바보라서 가는 게 아냐."
엄마가 말했어.
금요일에 아빠가 퇴근해서 오더니 클라리넷 선생님과 첼로 선생님도 더 이상 학교에 나오지 않는다고 했거든.
"그래, 알아. 하지만 다들 떠나는데 난 매일같이 학교에 출근하니까 마치 바보가 되어 가는 기분이야. 조만간 내가 마지막으로 남아 전등을 끄고 퇴근하게 될지도 몰라. 사람들은 대체 무슨 생각인 걸까? 나라가 무슨 영화관인 줄 알아? 마음에 안 들면 그냥 나가 버리는……?"

일요일 밤에 우리는 모두 텔레비전 앞에 앉았어. 뉴스에 우리의 모습이 나온 뒤부터 심지어 하노도 자기가 아는 사람이 나오지 않는지 뉴스를 유심히 살폈어. 커다란 시계가 나오고 곧이어 뉴스를 진행하는 아나운서가 나왔어.

"여러분 안녕하십니까! 드디어 헝가리가 오스트리아 쪽 국경을 개방했습니다. 만 명 이상의 동독 주민들이 오늘……."

"세상에!"

엄마가 깡충깡충 뛰면서 나를 꼭 껴안았어.

"이럴 수가."

아빠는 두 손으로 머리를 감쌌어.

"우아! 그럼 이제 소피는 오스트리아에 있을까요?"

내가 물었어.

"그럴 거야. 아니면 벌써 서독에 갔는지도 몰라. 아무튼 서독 쪽으로 갈 거니까."

엄마는 울음이 섞인 목소리로 말했어.

"아, 다들 쉿! 이제 곧 축구 선수들이 나온다고!"

하노는 여전히 텔레비전을 유심히 쳐다보았어.

하지만 나는 너무 흥분해서 가만히 텔레비전만 보고 있을 수가 없었어. 게다가 좋은 생각이 떠올랐어. 우리 방 수납장 아래에는 하노의 장난감 기차를 넣은 커다란 상자가 있어. 그걸 잘라서 현수막을 만들면 어떨까.

나는 방에서 상자, 가위, 수채 물감을 가지고 나와 모든 걸 부엌 바닥에 펼쳐 놓았어. 내일은 월요일이니까 엄마가 또 니콜라이 교회에 가겠지? 내가 만든 현수막을 들고 가면 좋겠다!

물감을 풀려고 부엌에서 물을 담은 컵을 가져오는데 아빠가 하노를 재우러 가는 소리가 들렸어. 아까 저녁 먹을 때 아빠가 여덟 시에 음악회에 갈 거라고 했었는데 정말 다행이야. 아빠에게 현수막 만드는 모습을 들키고 싶지 않거든.

막상 상자를 자르려니 상자가 너무 두꺼워서 내 작은 가위로는 잘리지 않았어. 아무래도 가위보다 날카로운 칼이 필요할 것 같았어. 나는 부엌 서랍에서 톱니 모양의 빵 칼을 꺼내 무릎을 꿇고 바닥에 상자를 세웠어.

그때 엄마가 들어왔어.

"프리치!"

엄마가 내 손에서 빵 칼을 빼앗았어.

"너 뭐 하는 거야?"

나는 엄마에게 모두가 떠나고 싶어 하는 나라에서 살고 싶지 않다고 말했어. 좋은 곳이면 왜 다들 떠나겠어. 동독은 바비 구경도 자유롭게 할 수 없잖아! 그래서 내일 니콜라이 교회에 함께 가지는 못하니까 내 생각을 적은 현수막이라도 만들고 싶다고 했어.

"현수막에 뭐라고 쓸 건데?"

엄마가 물었어.

"아직 잘 모르겠어요. 일단 이 상자 먼저 자르려고 해요."

엄마가 내 말을 유심히 듣더니 옆에 앉았어. 그리고 내가 상자를 자르는 걸 도와주었어. 최근에 우리 가족 모두 예민했는데, 오늘 저녁은 오랜만에 즐거웠어. 엄마도 웃는 얼굴로 현수막을 같이 만들면서 현수막에 운율이 맞는 문구를 써야 하지 않겠냐고 했어. 그래야 문구가 사람들 머릿속에 쏙 박힌대.

"너랑 나랑 우리 모두가 자유로운 세상?"

음, 이건 너무 유치했어. 유치원생인 하노가 지은 것 같달까. 우리는 운율을 맞추려고 이리저리 말을 만들어 보았지만 적절한 문장을 찾기가 힘들었어.

"장벽이 없는 나라……."

엄마가 한참 고민하다 말했어.

"아무도 슬퍼하지 않는 나라……. 오, 이거 좋다! '장벽이 없는 나라, 아무도 슬퍼하지 않는 나라.' 어때요 엄마?"

"그렇게 쓴 현수막을 들고 시위하러 가라고? 글쎄, 괜찮을까?"

"아니면 아래에 프리치라고 쓸까요? 내가 만든 현수막이라는 걸 사람들이 알 수 있게?"

"아냐, 그건 위험하니까 그냥 두는 게 좋을 것 같아."

나는 현수막에 문구를 썼고 엄마는 현수막에 나무 막대기를 고정시키는 걸 도와주었어. 나무 막대기까지 다 달고 나서 엄마는 현수막을 지하실에 가져다 두었어.

"만일을 위해 조심해야지."

엄마가 내 볼에 뽀뽀를 해 주었어.

두려움보다 더 강한 마음

내 불쌍한 현수막! 빛을 보기도 전에 어두운 지하실에 갇혔어. 아빠가 음악회에서 돌아왔을 때 현수막을 보고 화내지 않도록 지하실에 숨겨 뒀거든. 며칠 후 월요일 저녁에 드디어 엄마가 현수막을 들고 니콜라이 교회에 가려고 했어. 그런데 하필 슈피커 씨가 현관에 서 있지 뭐야.

"아, 좀머 부인? 밤 근무를 나가나요?"

"아뇨, 아, 맞아요…… 오늘 야간 당번이에요."

슈피커 씨는 시위와 현수막을 별로 안 좋아할 것 같았어. 그래서 엄마는 하는 수 없이 지하실로 가지 않고 얼른 현관문을 빠져나갔어. 나는 창문 앞에 서서 현수막 없이 걸어가는 엄마를 보았어.

엄마가 돌아왔을 때 나는 침대에 누워 있었지만 정신은 말똥말똥했어. 엄마가 우리 방으로 살금살금 들어왔어. 엄마는 내가 아직 안 자고 있는 걸 아는 게 틀림없었어.

"프리치, 오늘 현수막을 안 가져가길 잘한 거 같아. 경찰들이 아주 많은 사람들을 잡아갔거든. 그중에서도 특히 현수막을 든 사람들이 많이 잡혀

갔어. 얼마나 빨리 도망쳐 나왔는지 몰라. 집에 오니 마음이 좀 놓인다!"

"붙잡힌 사람들은 어디에 있어요?"

"화물차에 태워 갔어. 지금은 경찰서에 있겠지. 아니면 이미 감옥에 갇혔거나."

"감옥이요? 아무 죄도 없이요?"

"그러니까 말이야. 하지만 아마 내일이면 다시 풀려날 거야. 프리치, 걱정하지 말고 얼른 자렴."

하지만 나는 화물차에 실려 간 사람들이 계속 생각났어. 그 사람들은 이제 어떻게 되는 걸까? 오늘 못 가져간 현수막도 생각났어. 이제 현수막은 쓸 수 없는 걸까?

오늘 저녁 뉴스에 이상한 장면이 나왔어. 드레스덴 역에 기차 여러 대

가 들어오자, 많은 사람들이 기차에 올라타려고 애를 썼어. 기차 안엔 이미 사람들이 꽉 차 있는데도 말이야. 그리고 경찰들은 승강장에 있는 사람들을 몽둥이로 마구 때렸어. 프라하에서 출발해 서독으로 가는 기차라는데 도대체 경찰들은 왜 그런 걸까? 그 장면이 나오고 바비 인형 광고가 이어졌어. 아, 할머니가 우리 집에 오시기 전에 할머니한테 바비 이야기를 다시 해야 하는데…….

엄마가 마지막으로 교회에 다녀온 후, 우리는 지하실에 있는 현수막 이야기는 더 이상 하지 않았어. 대신에 나는 등굣길에 매일매일 니콜라이 교회 앞을 지나갔어. 교회 앞의 상황이 어떤지 궁금했어. 요즘 교회 창문 창살에는 도화지가 여러 장 끼워져 있어. 도화지에는 시위에 참여했다가 감옥으로 끌려간 사람들의 이름이 적혀 있어. 나도 한번 다가가서 명단을 읽어 보았어. 명단은 오후가 되면 사라지지만, 다음 날 아침이면 어김없이 새로운 명단이 나타나. 창살 사이사이에 꽃들이 꽂혀 있고 어제는 한 창문 앞에 초도 여러 개 세워져 있었어. 보통은 교회 근처에 경찰이 한 명에서 두 명 정도 서 있어. 이 경찰들이 시위에 참여한 사람들을 체포해 간 걸까? 다른 경찰들이 그랬을 거라고 믿어. 여기에 서 있는 경찰들은 꽤 친절해 보이거든.

지하실에 갈 일이 없다 보니 나는 현수막을 까맣게 잊고 있었어. 그런데 어느 날 집에 왔더니 엄마가 부엌에서 가방 안에 이상한 상자들을 넣고 있지 뭐야. 내가 소리를 내자 엄마는 흠칫 놀라더니 태연하게 아무것도 하지 않은 척했어. 크리스마스 직전이면 선물을 숨겼나 하겠지만, 오늘은 10월 9일인걸!

"안녕 프리치! 학교 잘 다녀왔어?"

엄마의 목소리가 어딘지 모르게 평소와 다른 느낌이었어. 게다가 표정도 어색했어! 그런데 그 순간 엄마의 손에서 상자 하나가 떨어졌고, 나는 얼른 허리를 굽혀 상자를 주웠어. 그건 반창고 상자였어. 엥? 겨우 이것 때문에 엄마가 어색하게 행동한 거야? 너무 수상해.

지퍼가 열린 가방 속으로 반창고 상자를 던져 넣으면서 보니, 가방 안이 의료 용품으로 가득했어. 이게 다 뭐지? 빨간 십자가가 그려진 하얀 상자들, 두툼한 붕대, 가위…….

"엄마, 이걸 가지고 어딜 가려고요?"

"월요 시위에 갈 거야. 오늘 아침에 시위에 관한 신문 기사를 읽었는데 교회마다 사람들이 어마어마하게 몰렸대. 혹시라도 무슨 일이 일어나면 돕기라도 해야 할 거 아냐."

나는 어리둥절했어. 그렇다고 신문에 모두 반창고를 챙겨 오라고 하지는 않았을 것 같은데.

"엄마가 이 물건들을 챙길 때 카우프만 박사님이 옆에 있었는데, 박사님도 함께 시위 현장에 가고 싶어 하는 것 같았어. 하지만 지금은 박사님이 없으면 안 돼. 병원에 비상이 걸렸거든. 부상 환자가 끊임없이 들어오고 있어. 그래서 오늘은 병실마다 더 많은 침대들을 갖다 두었어. 더 이상 나쁜 상황이 일어나지 않기만을 바랄 뿐이야."

아무래도 나쁜 상황이 생길 수도 있다고 신문에 났나 봐. 지난번에 엄마가 시위에 갔을 때도 끌려간 사람들이 많았으니까. 그래서 엄마가 의료 용품들을 챙겨 가려고 하는 것 같아.

"엄마……."

난 원래는 '엄마, 가지 마요.'라고 하고 싶었어.

하지만 이틀 전에 엄마 아빠가 흥분했던 일이 생각났어. 동독 뉴스에서 동독 40주년 건국 기념일을 맞아 대대적인 행사와 함께 군인들의 시가행진이 있었다는 뉴스 보도가 나왔고, 연설도 오랫동안 중계했었어. 뉴스 마지막 즈음 아빠가 텔레비전에 대고 소리를 질렀어.

"대체 우리를 얼마나 바보로 여기는 거야? 야 이놈들아, 우리가 계속 당하고만 있을 줄 알아? 지금 밖에서 시위가 한창인데 건국 기념일이 대

수냐고!"

아아, 만약 내가 그렇게 소리를 질렀다면 엄마한테 무진장 혼이 났을 거야. 하지만 아빠는 큰 소리를 냈는데도 엄마에게 키스까지 받았어. 아빠가 월요 시위를 호의적으로 말한 게 처음이었거든.

그래서 나는 이렇게 말할 수밖에 없었어.

"엄마 올 때까지 안 자고 기다릴게요……."

엄마는 내게 **뽀뽀**를 해 주고 밖으로 나갔어. 나는 아빠와 하노가 올 때까지 혼자 있어야 했어. 나는 더 이상 아기가 아니니까. 하지만 막상 혼자가 되니까 금방 태어난 아기처럼 울음이 터져 나올 것만 같았어.

엄마가 나간 후에 창문 앞에 서서 아래를 내려다보았어. 엄마가 막 길을 건너 정류장 쪽으로 가는 모습이 보였어. 우아, 엄마는 내가 만든 현수막을 들고 있었어! 드디어 내 현수막이 밖으로 나가다니! 기분이 진짜 좋았어. 잠시 뒤 엄마가 고개를 들어 우리 집 쪽을 쳐다보았어. 내가 창문을 열고 손을 흔드려는데 전차가 도착했어. 엄마는 얼른 뛰어서 전차에 올라탔어.

잠시 뒤 아빠와 하노가 집에 왔어.

"음악 학교 학생들은 세 시 반에 다 집에 갔어. 유치원도 평소보다 일찍 끝났고. 우유를 하나 사 오려 했는데 가게들도 이미 다 문을 닫았더라. 그나저나 엄마는 시위하러 갔니?"

"네, 방금 전에요."

엄마가 내 현수막을 들고 갔다는 이야기는 하지 않았어. 엄마 가방 속에 무엇이 들었는지도 말하지 않았어. 괜히 말했다가 아빠도 걱정하면 어떡해. 누군가 다치는 일은 생각하고 싶지 않았어.

하지만 아빠는 금방 내 기분을 알아차렸어.

"아이고, 우리 귀염둥이 딸내미."

아빠가 나를 안아 주었어.

"우리 맛있는 거 해 먹을까? 얘들아 뭐 먹고 싶은 거 있니?"

"스파게티!"

하노와 내가 동시에 외쳤어.

아빠가 뜨거운 냄비를 식탁에 올려 두었어. 그때 밖에서 뭔가가 덜컹덜컹하고 윙윙대면서 지나가는 소리가 들리고 유리창이 마구 흔들렸어. 하노와 나는 창문 쪽으로 뛰어갔어.

"엄청 큰 화물차야!"

하노가 외쳤어.

아빠도 창가로 다가왔어. 거대한 회녹색 화물차 몇 대가 연달아 꼬리를 물고 거리를 통과하고 있었어.

"어디로 가는 거야?"

하노가 물었어.

"아무래도 시내로 가는 것 같은데."

아빠가 걱정스러운 표정을 하고 할머니처럼 한숨을 푹 내쉬었어.
"경찰들을 태우고 가는 건가?"
맞은편 건물 창가에서도 사람들이 아래를 내려다보고 있었어.
"그럴 수도. 아니면 군인들일지도 몰라."
아빠가 재빨리 창문에 커튼을 쳤어.
"자, 어서 먹자. 스파게티 다 식겠다!"

화물차가 지나가는 소리는 금방 그쳤어. 배는 계속 꼬르륵거렸지만 입맛이 떨어져서 먹고 싶지 않았어. 아빠도 접시만 가만히 쳐다볼 뿐, 아무 말도 안 했어. 하노는 트랙터와 포클레인이 나오는 책 이야기를 하다가 우리가 제대로 듣지 않고 있는 걸 느끼고 짜증을 냈어.
"다들 내 이야기 안 듣고 있지! 내가 방금 뭐라고 했는지 맞혀 봐."
"트랙터랑 포클레인은 거대한 삽을 가지고 있다며."
아빠가 하노를 쳐다보지 않은 채 대답했어.
"맞아! 아빠, 포클레인 장난감도 있대요."
"아하, 그래?"
아빠는 크리스마스 선물로 하노에게 포클레인을 사 줄지도 몰라. 하지만 아빠도 나처럼 계속 엄마 걱정을 하고 있는 것 같았어. 우리는 밥을 먹는 둥 마는 둥 하고 얼른 식탁을 치웠어. 아빠가 설거지를 하고 나는 그릇을 행주로 닦았어. 하지만 내 눈은 계속 싱크대 옆의 시계로 향했어. 오늘따라 시계 바늘이 거북이처럼 유독 느리게 지나갔어.

"거실에 가서 텔레비전 봐도 돼요?"

행주질을 다 하고 아빠에게 물어봤어.

"아냐, 텔레비전 대신 게임을 같이 하자. 하노, 카드 게임을 하나 찾아볼래?"

하노는 자기 방으로 얼른 들어갔어. 하지만 하노가 카드 게임을 들고 나오기 전에 거리에서 다시 웅성거리는 소리가 들려왔어.

이번에는 차가 부릉대는 소리가 아니라 사람들의 목소리였어. 눈앞에서 시끄러운 벌들이 앵앵거리는 것처럼 굉장히 많은 사람들이 거리를 지나가는 것 같았어. 소리가 꽤 컸거든.

나는 빠르게 커튼을 젖혔어. 하지만 바깥이 이미 어두워져 아무것도 보이지 않았어. 창문을 얼른 열었어. 어느새 아빠가 옆에 와서 나를 부엌 쪽으로 슬쩍 밀었어.

"프리치, 아빠가 먼저 볼게!"

아빠는 말문이 막힌 듯 창문 앞에 우두커니 서 있었어. 차가운 공기가 집 안으로 들어왔어. 나는 조용히 아빠 옆에 가서 섰어. 하노가 창밖을 보려고 식탁에서 의자를 하나 끌어왔어.

이럴 수가! 길거리에는 엄청나게 많은 사람들이 걸어가고 있었어. 이렇게 많은 사람들이 모인 건 태어나서 처음 봤어!

"여기까지 오다니! 세상에…… 몇천 명은 돼 보이는데! 아니 만 명도 넘겠어. 시내를 가득 메울 정도면……."

아빠는 입을 다물지 못했어.

사람들은 한목소리로 뭐라고 외치고 있었는데, 무슨 소리인지 알아듣기까지는 꽤 시간이 걸렸어.

"함께해! 함께해!"

그들은 창가에 서서 구경하는 사람들을 올려다보며 그렇게 외쳤어.

"우리도 나갈까요?"

내가 아빠에게 물었어.

저 많은 사람들과 함께하고 싶었어. 이런 일은 흔치 않잖아! 나는 너무 흥분해서 화장실에 가야 할 것처럼 배가 따끔거렸어.

"프리치, 절대 안 돼!"

아빠가 엄한 목소리로 말했어.

"화물차에 탄 사람들이 총을 쏘면 어떡해."

하노는 겁을 먹은 얼굴이었어.

휴, 너무 아쉬웠어. 사람들은 서서히 골목길을 내려가고 있었어. 이어서 또 다른 한 무리가 지나갔는데 그들은 새로운 구호를 외쳤어.

"고르비!◆ 고르비!"

다들 한목소리로 누군가의 이름을 외쳤어.

창 앞에 서 있으니 조금 추워서 점퍼를 가져왔어. 아빠 옆에 서서 점퍼 주머니에서 초 하나와 성냥을 꺼냈어. 그것들도 같이 챙겨 왔거든. 내가 초를 들자 아빠가 초에 불을 붙였어. 나는 창턱에 촛농을 한두 방울 떨어뜨리고 그 위에 초를 고정시켰어.

저 아래 사람들에게 이 초가 보일까? 아무렴 상관없었어. 우리도 월요 시위에 함께하고 있는 거나 다름없으니까. 엄마랑 시위대처럼 말이야! 우리는 사람들이 다 지나갈 때까지 창 앞에 오랫동안 서 있었어. 다행히도 시위에 참여한 어느 누구도 반창고가 필요할 일은 일어나지 않았어.

슈피커 씨를 위한 초 한 자루

원래는 엄마가 다시 집에 돌아올 때까지 깨어 있으려고 했어. 하지만 저녁에 너무 놀라고 흥분했던 데다 시위대를 오래 구경했더니 너무 피곤해서 잠이 들어 버렸어. 다음 날 아침에 엄마가 말하기를 내가 《비네토우》◆ 책을 머리맡에 둔 채 쿨쿨 잠들어 있더래. 그나저나 엄마는 어제 니콜라이 교회에 들어갈 수 없었대. 평화의 기도회가 시작되기 한참 전부터 교회 안에 한 사람도 들어갈 수 없을 정도로 교회가 꽉 차 있었다는 거야.

"교회를 가득 메운 사람들이 어떤 사람들인지 알아? 바로 슈타지(비밀경찰)들이었어. 정부가 몇 시간 전부터 비밀경찰들을 그곳으로 들여보내서 시위대는 한 사람도 들어갈 수 없게 만들었어."

엄마가 말했어.

하지만 엄마는 이 일로 화가 나지는 않았대. 오히려 이렇게 기뻤던 적은 정말 오랜만이었다나? 엄마는 한참을 웃었어.

"비밀경찰들이 교회에서 기도를 드리고 노래를 불렀다는 생각을 해 봐. 하하하! 진짜 웃긴 일이야."

대규모 시위 후에 학교생활이 약간 달라졌어. 아, 거의 전과 똑같지만 조금 달라진 데가 있었어. 수학여행을 다녀오고 나서 우리가 꾸미고 싶은 대로 교실 게시판을 꾸밀 수 있었어.

주제는 '1989년 가을, 우리의 수학여행'. 나는 알록달록한 마분지를 오려 글자를 만든 뒤 핀으로 고정했어. 안네는 유스 호스텔 사진을 붙이고 그 아래에 우리가 무슨 활동을 했는지를 적었어. 다른 아이들은 지도를 그리고, 우리가 드레스덴까지 갔던 경로를 빨간 사인펜으로 굵게 표시했어. 그런데 갑자기 올라프가 큰 글씨로 종이에 '베를린 - 동독의 수도'라고 써서 맨 끝에 걸지 뭐야? 우리가 베를린에 간 것도 아니었는데…….

얼마 전 독일어 수업 시간에 리자는 서독 방송에서 본 내용을 이야기했어. 서독에 간 사람들이 머물 공간이 충분하지 않아서 비좁은 캠핑카에서

지낸다고 했어. 담임 선생님은 요즘 이처럼 서독이나 시위에 관한 이야기가 나오면 늘 "아하." 혹은 "흠, 그렇군……."이라고만 해. 선생님은 전혀 화를 내지 않아. 하지만 선생님이 이런 일들에 대해 어떻게 생각하는지도 절대 말을 안 하셔.

등굣길에 니콜라이 교회를 지나다 보면 창가에 수많은 꽃과 초들이 놓여 있는 걸 볼 수 있어. 꽃과 초는 매일 늘어나는데 이제는 다들 그것들을 치우지 않고 그대로 두려는 것 같아. 어떤 사람들은 그냥 교회 앞뜰에 초를 세워 놓기도 해. 초를 놓을 만한 장소라면 어디든 다 초가 놓여 있어.

오늘 미술 시간에 안네는 거리에서 기타를 연주하는 남자와 초 하나를 그렸어. 거리에서 악기를 연주하는 건 불법이야. 게다가 그림 속 초는 굉장히 컸어. 초가 남자의 무릎까지 올라오게 그렸지 뭐야. 그런 초는 본 적이 없어! 하지만 라이제강 선생님은 안네의 그림을 보고 눈썹을 한번 치켜뜨더니 그냥 지나갔어.

그리고 나는 오늘 집에서 밥을 먹다가 믿기 힘든 이야기를 들었어.

"이번엔 나도 갈래."

아빠가 대뜸 시위에 가겠다는 거야! 아빠는 나를 쳐다보면서 말했어.

"프리치, 너도 갈래?"

마치 수영장에 가겠냐고 묻는 듯한 표정으로 말이야. 오늘은 월요 시위가 있는 날이야! 그건 모두가 다 아는 사실이었어. 나는 엄마를 슬쩍 쳐다봤어. 엄마는 아빠를 빤히 쳐다봤고 하노는 나를 흘끔 쳐다봤어.

"이제는 위험하지 않아. 정부는 더 이상 시민들에게 폭력을 행사할 수 없어. 전 세계가 지켜보고 있는걸."

아빠는 마치 엄마를 안심시키려는 것처럼 차분히 말했어. 엄마 눈은 토끼처럼 똥그랬어. 엄마가 침을 한번 꿀꺽 삼키고 대답했어.

"좋은 생각이야! 그럼 오늘은 당신이랑 프리치랑 둘이 가도록 해. 난 여기 남아 하노를 챙길게."

"우아, 그럼 엄마의 월요일 가방을 가져가도 돼?"

나는 너무 기뻐서 엄마의 가방을 이리저리 살폈어. 가방 안에는 사과 두 개, 쿠키 한 봉, 초와 성냥이 들어 있었어.

"좋아, 그럼 이 가방은 매번 시위가 열릴 때마다 갈 수 있겠네! 오늘은 평화의 기도회가 여섯 교회에서 열려. 그러니까 어디든 가면 자리가 있을 거야."

엄마는 그렇게 말하면서 아빠와 내게 뽀뽀를 했어.

아빠랑 같이 전차를 탔지만 멀리 가지는 못했어. 거리가 사람들로 가득 차서 전차 기관사가 아무리 크게 경적을 울려도 소용이 없었어. 길이 도통 뚫리지 않아서 우리는 전차에서 내려서 걸어가기로 했어. 아니, 걸어갔다기보다는 떠밀려 갔다고 하는 게 맞을 거야. 카를 마르크스 광장까지 마구 떠밀렸어. 아빠는 내 손을 꼭 잡고 광장 한가운데에 있는 한 기둥으로 향했어. 그건 기둥보다는 거대한 두루마리 화장지처럼 보였어.

"동료 선생님들이 기둥 이야기를 여러 번 하더라고. 저기에서 연주하는 오케스트라의 지휘자가 이 광고 기둥을 세웠대. 지나가는 사람 모두가 자기 의견을 써서 여기에 붙여 둘 수 있도록 말이야."

아빠가 말했어.

나는 앞에 서 있는 사람들의 다리 사이를 비집고 기둥으로 가까이 다가갔어. 기둥 아래쪽에 붙여 놓은 쪽지들을 천천히 읽어 보았어.

'민주주의여 오라!'

'소리 높여 외치자. 우리의 의사를!'

'어서 모여 하나가 되자!'

아마도 다 함께 힘을 모으자는 내용인 것 같아. 시위대가 행진하면서 함께 하자고 외쳤을 때 못 나가서 엄청 아쉬웠는데 드디어 나도 함께할 수 있게 됐어! 하지만 설렘도 잠시, 사람이 많아도 너무 많았어. 우리는 계속해서 떠밀려 갔어. 니콜라이 교회 쪽으로 향하는 사람들이 많아서 대신에 토마스 교회 쪽으로 쭉 걸어갔어. 토마스 교회도 사람들로 가득했지만, 다행히 빈자리 하나를 발견했어. 계속 돌아다녀서 콧물이 조금 났는데 아빠의 무릎 위에 앉으니까 꽤 따뜻했어. 나는 앞에서 말하는 소리를 다는 이해 못 했어. 그래도 모두가 함께 노래를 부를 때는 기분이 좋았어. 나는 아빠의 품에 폭 안긴 채로 즐겁게 노래를 들었어.

맨 마지막에 모두가 일어났어.

"주여 오소서. 우리에게 은총을 베푸소서. 이 민족 더 이상 갈라져 살지 않도록 하소서."

"아빠, 은총이 뭐야?"

나는 소곤소곤 물어봤어.

"음, 이곳의 모든 일이 잘되게 해 달라는 뜻인 것 같아."

아빠도 정확히는 모르나 봐.

"프리치, 아빠가 어디에 초를 놓고 싶은지 알아?"

아빠가 교회를 나오면서 내게 물었어.

"글쎄, 역 앞에?"

"저기 비밀경찰들이 앉아 있는 모퉁이에 놓고 싶어. 하지만 내가 과연 용기를 내서 할 수 있을까."

우리는 일단 그쪽으로 가 보았어. 모퉁이까지는 멀지 않았어. 그런데 그곳에서 내가 뭘 봤는지 알아? 비밀경찰들 옆에는 이미 촛불들이 셀 수 없을 만큼 가득했어!

아빠는 엄마의 가방에서 초 한 자루를 꺼내어 내게 건넸어.

"우리, 한 자루 더 세워 놓자. 슈피커 씨와 서독에 간 프리치의 친구들 몫으로."

많은 초들 옆에 경찰 두 명과 경찰견 한 마리가 서 있었어. 경찰들은 다리를 벌리고 앞으로 팔짱을 낀 채 우리를 쳐다보았어. 나는 가방에서 쿠키 봉지를 조심스레 꺼내서 쿠키 하나를 경찰견 쪽으로 던졌어. 그랬더니 개가 자기 간식인 걸 금방 눈치채고는 얼른 뛰어 받아먹었어. 그 개는 시위

가 있는 날인데도 엄청 즐거워 보였어.

　태어나서 이번 주만큼 텔레비전을 많이 본 날이 있을까. 심지어 시위에 다녀온 후에는 심야 뉴스까지 봐도 된다고 허락을 받았어. 뉴스는 하루 종일 전국적으로 얼마나 많은 사람들이 거리에 나왔는지 보여 주었어. 사람들이 너무 많이 나와서일까, 더 이상 우리의 모습은 보이지 않았어.

　화요일 뉴스에는 다시 한번 시위 소식이 나왔고, 수요일도 마찬가지였어. 목요일이 되자 나는 난생처음 텔레비전을 보고 싶은 마음이 싹 사라졌어. 대신 광고만 보았어. 바비는 이제 자동차까지 생겼어. 지붕이 없는 굉장히 세련된 자동차였어. 하지만 바비 광고도 여러 번 봐서 조금 지루해졌어. 나는 부모님에게 인사하고는 방으로 들어갔어. 엄마 아빠는 뚫어져라 텔레비전을 계속 쳐다봤고, 하노는 코까지 골면서 자고 있었어. 나는 하노의 잠을 방해하지 않으면서 침대에 누워 책을 읽을 수 있게끔, 스탠드를 옆쪽으로 돌렸어. 지난번에 할머니가 오셨을 때 새 《아스테릭스》◆ 책을 선물로 가져오셨거든. 《동방에 간 아스테릭스》! 나는 줄거리를 거의 다 외울 정도로 읽고 읽고 또 읽었어.

　잠시 후 복도에서 전화벨이 울리는 소리가 났어.

　"맙소사!"

　엄마가 전화를 받았나 봐.

　"그가 약속했잖아요. 네, 맞아요. 내일 봐요!"

　나는 깜박 잠이 들었다가 또다시 전화벨 소리에 깨어났어. 이번에는 아빠가 받았어.

"샤보브스키◆ 말을 어떻게 믿어요? 네, 방금 그랬죠. 하지만 아직 확실히 믿을 수는 없어요. 엄마, 흥분하지 마시고 마음 편히 계세요."

나는 침대에서 내려와 조심스럽게 거실 문을 열었어.

"아빠, 무슨 일이에요? 지금 밤인데 전화가 왜 이렇게 많이 와요?"

"아, 프리치 누가 방송에서 이상한 말을 해서 그래. 별일 아니야. 얼른 코 자라!"

흠, 아무래도 무슨 일이 생긴 게 분명해.

국경을 넘어

"프리치, 일어나!"

아빠가 내 침대 위의 스탠드를 켰어.

"프리치, 우리 뮌헨에 갈 거야! 할머니 집 말이야! 얼른 일어나!"

이게 무슨 소리지? 엄마 아빠가 서독 텔레비전을 너무 많이 봤나?

"프리치, 진짜야. 국경이 열렸다고! 오늘 당장 서독으로 갈 수 있어!"

나는 벌떡 일어났어.

"지금 몇 신데?"

"새벽 다섯 시야."

"그런데 왜 국경이 열렸어?"

"음, 왜냐하면……. 사실 아빠도 잘은 몰라. 어쨌건 엄청난 기적이 일어났어!"

"그럼 학교는 안 가도 돼?"

"오늘 하루는 빠져. 월요일에 다시 학교에 가면 돼."

엄마가 하노를 깨워 욕실로 데려가고 있었어. 하노는 아직 비몽사몽 잠

과 싸우는 중인 것 같았어.

할머니, 뮌헨, 국경, 학교 결석…… 아유 뭐가 뭔지 하나도 모르겠네. 너무 졸려…….

아야! 나는 방에서 나오다가 엄지발가락을 서랍장에 찧고 말았어. 정신이 확 들었어.

부엌에서는 라디오 소리가 크게 흘러나왔어. 마치 우리가 귀가 먹기라도 한 것처럼, 이 건물에 우리만 살고 있는 것처럼 엄청나게 큰 소리로 말이야.

"빵을 쌌으니까 자동차 안에서 먹자. 서쪽으로 가는 도로에 이미 차량이 몰려들어서 얼른 출발해야 해."

아빠가 말했어.

자동차? 우리 집에 언제부터 자동차가 있었지? 엄마는 아직 잠옷을 입고 있었어.

"어머니께 전화하려 했는데, 연결이 영 안 돼. 당신이 뮌헨에 도착하기 전까지는 전해 놓을게."

엥? 엄마는 같이 안 간다는 건가?

그때 초인종이 울렸어.

"피아노 담당 크리스토프 선생님일 거야. 다들 처음 보나? 어쨌든 크리스토프에게 자동차가 있어. 그의 아이들과 함께 갈 거란다."

아빠는 라디오 아나운서보다 더 흥분해서 말했어.

"자, 얼른 옷 입어. 빨리 출발하자!"

뒷자리에 나랑 하노, 그리고 크리스토프 아저씨네 남매 옌스와 리나까지 모두 꼭 끼어 앉았어. 우리는 무릎에 이불과 먹을 것을 들고 앉았어. 트라비 자동차 안은 꽤 추웠고, 밖은 아직도 밤처럼 깜깜했어.

엄마는 잠옷 위에 가운을 덧입은 채로 웃으며 손을 흔들었어.

"모두가 한꺼번에 서쪽으로 여행할 수는 없잖니. 오늘 엄마는 출근할

테니까 할머니께 안부 전해 줘!"

 꿈일까, 현실일까? 거리는 밝은 빛으로 가득했어. 평소에는 한적한 길인데 지금은 거리가 차들로 빽빽하게 붐볐어. 모두가 같은 방향으로 달리고 있었어. 옆에 앉은 하노는 내 어깨에 머리를 기대고 쿨쿨 잠이 들었어. 앞자리에 앉은 아빠와 크리스토프 아저씨는 계속 "놀랍다! 놀라워!"라고 외쳤어.

 날이 밝을 무렵 우리는 거의 국경 근처까지 와 있었어.
 "얘들아, 차가 막힌다!"
 아빠가 뒤를 돌아다보며 외쳤어.
 차가 막힌다고? 차가 막히는 경험은 처음이라 어리둥절했어. 하지만 아빠를 보니 싱글벙글 계속 웃고 있었어. 뭔가 아주 멋지고 신나는 일인가 봐.
 우리는 느린 속도로 천천히 나아갔어. 좌우로 철조망이 있고, 저 멀리 사냥터의 망루처럼 생긴 작은 감시대가 보였어. 돌로 지었는데 꽤 높아 보였어.
 "어제 이곳을 통과하려 했다면 총알 세례를 받았겠지."
 아빠는 그렇게 말하며 고개를 설레설레 저었어.
 국경 초소까지는 정말 한참 걸렸어.
 초소에 도착하자 아빠는 창문을 열고 신분증 여러 개를 내밀었어. 제복을 입은 아저씨가 그것을 잠시 들추어 봤어. 그러고는 웃는 얼굴로 고개를 끄덕이며 돌려주었어.

"좋은 여행 되세요!"
아저씨가 기분 좋은 목소리로 외쳤어.
"크, 죽이는군!"
아빠가 감탄했어.
"이제 바이에른이야."
크리스토프 아저씨가 감격스러운 목소리로 말했어.
"흠, 그런데 차에 기름이 떨어졌네."
"저 앞에 주유소가 있는데."
아빠가 얼른 말했어.
"서독 돈 있어?"
"있을리가!"

"제가 차를 밀게요."

하노가 차를 미는 흉내를 냈어.

"좋아 좋아. 뮌헨까지 밀어 보자."

나는 뮌헨이 얼마나 먼지 모르지만 따라 말했어.

주유소 앞에 도착하니 차가 꼬리를 물고 서 있었어.

"다른 차들은 어떻게 하는지 한번 물어볼게."

크리스토프 아저씨가 차에서 내렸어. 아저씨를 기다리고 있는데 갑자기 어떤 남자아이 둘이 창문을 두드렸어. 아빠가 창문을 열자 그 아이들은 바나나 한 송이를 아빠에게 건네주었어.

"맛있게 드세요!"

아이들은 큰 상자를 들고 다른 차로 옮겨 갔어.

"웬 바나나◆야?"

옌스가 물었어.

"우리한테 선물하는 거야."

옌스의 누나 리나가 냉큼 바나나를 집어 껍질을 벗기면서 말했어.

크리스토프 아저씨가 다시 운전석으로 돌아왔어.

"믿을지 모르겠지만, 기름을 선물로 준대. 환영하는 뜻으로 그렇게 한다고 하더군."

바나나에 기름까지? 뭘 이렇게 많이 주지? 서독 사람들은 부잔가?

나는 바나나를 까먹다가 깜박 잠이 들었나 봐. 어렴풋이 깰 무렵 아빠의 목소리가 들렸어.

"여기인 것 같은데."

"자네가 먼저 가 봐."

크리스토프 아저씨가 말했어.

"갑자기 모두가 들이닥치면 자네 어머니가 슬리퍼를 신은 채로 놀라 자빠지실지도 몰라."

아빠가 차에서 내려 바지를 툭툭 털고 헝클어진 머리도 정리하더니 기지개를 쭉 켰어. 와이셔츠 깃까지 꼼꼼히 매만지고 다시 한번 자동차 안을 들여다봤어. 아빠는 굉장히 흥분해 있었어. 이제껏 할머니가 사는 집을 방문해 본 적이 단 한 번도 없었으니까!

아빠는 계단을 올라가서 초인종을 눌렀어. 나는 차 안에서 유리창에 코를 박고 아빠의 뒷모습을 쳐다봤어. 하노도 뚫어져라 창밖을 쳐다보았어. 하노가 턱을 내 어깨에 걸치고 있어서 어깨가 아플 정도였어. 부디 할머니가 집에 있기를!

그 순간 문이 열렸어. 다행히 할머니가 문을 여신 것 같았어. 하지만 할머니의 모습은 보이지 않았어. 아빠의 등 위로 할머니의 주름 많은 두 손만 보였어. 아빠의 큰 몸집에 할머니가 가려졌나 봐.

드디어 할머니의 흰머리가 보였어. 할머니는 종종걸음으로 서둘러 계단을 내려오셨어. 우리도 얼른 자동차에서 내렸어. 할머니는 정말로 슬리퍼를 신고 계셨어. 다행히 할머니는 깜짝 놀라 넘어지진 않았지만, 우리를 보고 계속 눈물을 흘리셨어. 인사를 못 할 정도로 심하게 우셨어. 할머니

는 하노에게 뽀뽀를 하고 그다음 내게 뽀뽀를 찐하게 해 주었어. 옆에 있는 옌스와 리나, 심지어 크리스토프 아저씨에게까지 뽀뽀를 해 주었어. 마지막으로 또다시 아빠에게 뽀뽀를 했어. 할머니가 뽀뽀를 다 끝냈을 때 모두의 얼굴은 눈물로 흠뻑 젖어 있었어.

"들어가도 돼요?"

아빠가 물었어.

"아이고, 물론이지. 내 정신 좀 봐!"

할머니가 앞장섰어.

"아이고, 집에 뭐 먹을 게 있어야 하는데……."

"괜찮아요. 안 먹어도 배부른걸요. 세계 역사상 가장 놀라운 일이 일어났잖아요! 미국 대통령이 이 소식을 들으면 놀라 까무러치지 않을까요. 아마 이제야 일어나서 아침 뉴스를 볼 텐데……. 하지만 우리는 벌써 뮌헨에 도착했지요!"

크리스토프 아저씨가 크게 웃었어.

"얘들아, 얘들아, 얘들아……."

할머니는 자꾸 고개를 흔들고 부엌을 왔다 갔다 하면서 음식들을 식탁에 올려놓으셨어.

"얘들아, 너희 오늘 곧장 뮌헨 구경할 거니?"

"네, 바비 인형 살래요!"

"저는 포클레인 살래요!"

하노와 나는 그동안 가장 사고 싶었던 걸 말했어.

"얘들아, 얘들아. 너희들 갖고 싶은 거 사라고 장벽이 열렸구나."

할머니가 웃으며 말했어.

식사를 한 뒤 우리는 곧장 시내로 갔어. 아빠와 크리스토프 아저씨가 시청에 가서 환영금◆을 받아 왔고, 우리는 바비 인형이 가득한 가게로 향

했어. 나는 한참 동안 이걸로 할까 저걸로 할까 망설였어. 다른 사람들은 멍하니 서서 나를 기다렸어.

"어서 하나 골라. 이젠 결정해야지!"

할머니가 내 옆구리를 콕콕 찔렀어.

아아, 정말 어려웠어! 이렇게 예쁜 바비 인형들 중에 어떻게 딱 하나만 고를 수 있겠어? 나는 신중히 인형을 고르고 싶었어.

드디어 가게를 나왔을 때 하늘을 날 것처럼 정말 행복했어. 내 손엔 하나의 바비 인형이 들려 있었거든. 나의 소중한 첫 바비!

이번엔 할머니가 뮌헨을 구경 시켜 준다고 하셨어. 할머니는 우리를 데리고 이자르강에 갔어. 세상에나, 이자르강은 물 색깔이 까맣지 않은 데다가 거품도 떠다니지 않았어.

이자르강은 엄청 맑아서 바닥에 있는 돌까지 다 들여다볼 수 있었어. 게다가 냄새도 나지 않았어! 우리는 추위를 느낄 때까지 오랫동안 강가에 서 있다가 돌아왔어. 언젠가는 라이프치히에도 이런 강이 흐르게 될지 몰라. 그러면 여름에 안네랑 실컷 수영을 해야지.

저녁에 우리는 할머니 집 거실에 옹기종기 모여 잠을 잤어. 나는 안락의자에 누워 푹신한 담요를 덮었어. 아빠는 소파 위에, 하노는 내 옆에 있는 안락의자에 누웠어. 두 다리를 쭉 뻗고 누웠는데도 발끝에 포클레인을 놓을 자리가 남았어. 크리스토프 아저씨와 옌스, 리나는 이웃들이 가져다준 매트리스와 침낭에 누웠어. 거실은 조금 비좁았지만 아주 아늑하고 포근

했어.

할머니는 다시 한번 문 사이로 빼꼼 고개를 들이밀었어.

"얘들아, 부족한 거 없니? 원하는 거 있으면 말하렴."

"국경이 계속 열려 있었으면 좋겠어요."

나는 그렇게 말하고는 이불 속으로 쏙 들어갔어.

"엄마가 없어요."

하노가 웅얼거렸어.

"우리 엄마도요."

리나와 옌스는 풀죽은 목소리였어.

"내일이면 다시 집으로 돌아갈 거야."

크리스토프 아저씨가 말했어.

"할머니도 데리고 갈게요!"

내가 우렁차게 말했어.

"그 커다란 트라비에? 나를 지붕에 매달고 가려고 그러냐!"

할머니가 함박웃음을 지었어.

"왜 안 되겠어요? 국경을 지키는 사람들은 더 이상 어떤 일에도 놀라지 않을걸요."

아빠도 크게 웃었어.

"나는 너희들이 서독에, 그것도 우리 집에 누워 있다는 게 여전히 믿기지 않는구나."

할머니는 또다시 머리를 흔드셨어.

"기적이 일어난 거예요!"
나는 바비를 꼭 안고 꿈나라로 향했어.

작가의 말
이 모든 이야기가 정말 사실일까요?

프리치가 실제로 이 모든 걸 경험했을까요? 프리치가 이 이야기를 모두 다 들려주었을까요? 그렇기도 하고 아니기도 해요. 이 책에 소개한 모든 내용은 진짜로 있었던 일이에요. 예전에 정말로 두 개의 독일이 있었어요. 동독의 라이프치히에 사는 사람은 서독의 뮌헨에 사는 이들을 보러 방문할 수가 없었어요. 동독의 수도였던 베를린에는 높은 장벽이 쳐져 있었고, 그 누구도 동쪽에서 서쪽으로 가지 못하도록 삼엄한 감시가 이루어졌어요. 정부의 허가를 받지 못하면 동독에서 서독으로 여행할 수 없었는데, 허가를 받을 수 있는 사람은 아주 극소수였죠.

그 당시 동독에는 주변 이웃, 친구, 가족들이 국가가 금지한 일을 하고 있지는 않은지 계속 감시하면서, 정부에 몰래 보고하는 사람들이 있었어요. 바로 슈타지(Stasi)라 불리는 비밀경찰들이었지요. 삼엄한 감시가 계속되는 만큼 점점 더 많은 사람들이 동독을 떠나고 싶어 했고, 점점 많은 사람이 하나둘씩 해외여행 신청서를 내기 시작했어요. 동유럽의 다른 나라들을 통해 서독으로 가고 싶어 했던 거예요. 이런 마음을 품은 사람들의 비밀 신호는 바로 자동차에 하얀 리본을 다는 것이었어요. 벨라네 자동차처럼 말이지요. 그러던 중 1989년 여름, 헝가리로 여행을 갔던 많은 사람들이 더 이상 동독으로 돌아오지 않는 일이 늘어났어요. 게다가 프라하에서는 육천 명의 동독 국민들이 서독 대사관의 담장을 넘어가기도 했어요. 대사관 앞에 진을 치고 서쪽으로 여행 허가를 내 줄 것을 요구했지요. 그리고 이곳 이외에도 훨씬 더 많은 사람들이 뜻을 모아서 동독 현지에서 시위를 벌였어요. 특히 라이프치히에서는 더 많은 사람이 시위에 참여했어요. 크리스티안 퓌러라는 목사님이 니콜라이 교회에서 월요일마다 평화의 기도회를 이끌며 사람들에게 용기를 북돋아 주었지요.(비밀경찰들은 이 목사님을 '고슴도치'라고 불렀어요.) 시위가 한참 이어지던 어느 날 저녁이었어요. 샤보브스키라는 정치인이 해외여행이 언제부터 허가되느냐는 기자들의 질문에 약간 멈칫거리더니 "내가 알기로는 곧장…… 즉시 허가됩니다."라고 대답했어요. 그 소식이 보도되는 즉시 동독 국민들은 국경을 향해 달리기 시작했어요.

이 책의 주인공인 프리치라는 소녀는 가상의 인물이랍니다. 하지만 나는 그 무렵 프리치와 비슷한 나이에, 라이프치히에서 학교에 다녔던 사람들을 많이 알고 있어요. 그들은 내게 어린 시절 직접 경험했던 독일 통일에 관한 이야기들을 전해 주었어요. 내게 자세한 이야기를 들려준 리아네,

프리드헬름, 되르테에게 특히 감사를 전합니다. 이들이 바로 내가 이 책에 소개한 일들을 겪었던 '프리치'들이에요. 잉그리트와 또 다른 리아네에게도 진심으로 감사합니다. 이 두 사람은 당시 아이들을 기르면서도 월요일마다 열리는 시위에 참여했다고 해요. 이 분들이 그때의 일들을 정말 생생하게 들려주었어요. 이들은 통일이 될 무렵 아직 어린아이였던 사람들보다 더 자세히 역사적 사건들을 알려 주었어요.

그럼 프리치의 할머니도 가상 인물이냐고요? 프리치의 할머니는 그 당시 라이프치히에서 활동했던 무용가를 모델로 했어요. 이 무용가는 자신이 속해 있던 무용단과 함께 서독에서 공연을 한 다음, 다른 단원들과 함께 다시 동독으로 돌아오지 않고 서독의 뮌헨에 남았어요. 이 결정으로 인해 가족들과 떨어져 살아야 했지요. 가족 중 아무도 그녀를 보러 갈 수 없었거든요. 결국, 동독과 서독을 가르던 베를린 장벽이 28년 만에 무너진 이후에야 라이프치히에 있는 가족들과 재회할 수 있었답니다.

'장벽이 없는 나라, 아무도 슬퍼하지 않는 나라'라고 적힌 포스터는 정말로 있었어요. 오늘의 독일이 바로 그런 나라예요. 물론 때로는 아직도 슬프고 속상한 일들이 일어나고 있어요. 하지만 기뻐할 이유가 더 많지요. 독일은 기적을 경험한 나라니까요. 평화 혁명을 통해 커다란 변화를 일군 기적 같은 나라랍니다.

부록

옆자리

◆ **새 학년**
한국은 봄에 새로운 학년으로 올라가지만, 독일은 가을에 새 학기가 시작돼요. 가을부터 겨울이 한 학기, 봄부터 여름이 한 학기예요. 또한 초등학교는 4학년까지만 다닌답니다.

◆ **텔만 피오네르**
6~14살 동독 어린이들로 이루어진 조직이에요. 조직명은 독일 공산당의 전 지도자 에른스트 텔만(Ernst Thälmann)의 이름을 땄어요. 1948년 12월 13일에 설립되었고, 베를린 장벽이 무너진 이후 1990년 8월에 해체했어요.

◆ **평화와 사회주의를 위해 준비! 항상 준비!**
동독 소년단 텔만 피오네르의 경례 구호예요.

모든 것이 이상한 날

◆ **노면 전차**
도로의 일부에 설치한 레일 위를 운행하는 전차. '트램'과 같은 말이에요.

◆ **체코슬로바키아**
과거에는 체코와 슬로바키아 두 나라가 한 나라로 합쳐져 '체코슬로바키아'라고 불렸어요. 체코슬로바키아의 수도이자 현 체코의 수도인 프라하에서는 '프라하의 봄', 헝가리에서는 '헝가리 혁명' 같은 민주화 운동이 활발하게 일어났어요.

◆ 세계 평화의 날

1989년 9월 1일은 제2차 세계 대전이 시작된 지 50년이 된 해였어요. 이날 동독에서는 세계 평화를 기리는 목적으로 자체적으로 국가 행사를 열었어요. 이와 달리 UN이 지정한 세계 평화의 날은 매해 9월 21일이에요.

너희 아직 거기 있니?

◆ 트라비

원래 이름은 트라반트(Trabant)이고, 트라비(Trabi)는 독일인들이 이 차를 부르던 애칭이에요. 섬유 강화 플라스틱으로 제작한 트라비는 동독에서 일반인이 구입할 수 있는 유일한 승용차였어요.

두려움보다 더 강한 마음

◆ 우리가 인민이다! (64~65쪽 그림 속 문구)

'우리가 인민이다!'라는 문장은 동독의 주인은 고위 정치인들이 아닌 인민이라는 뜻을 담고 있어요. 동독 국민들은 1989년 11월 20일 월요 시위부터 '우리가 인민이다!'라는 기존 구호에서 더 나아가 '우리는 같은 민족이다!'라고 외치기 시작했다고 해요.

◆ 고르비

고르비는 구소련의 정치가 미하일 고르바초프(Mikhail Gorbachyev)를 부르던 애칭이에요. 그는 소련에 '페레스트로이카'(개혁 정책)와 '글라스노스트'(개방 정책)를 시도했어요. 이 정책은 소련뿐만 아니라, 당시의 동유럽 국가 국민들에게도 영향을 끼쳤어요. 프리치가 살던 동독처럼, 동유럽 곳곳에서 민주적인 나라를 꿈꾸는 사람들이 다양한 시위 운동을 펼쳤답니다.

슈피커 씨를 위한 초 한 자루

◆ 비네토우

독일의 소설가 카를 마이(Karl May)가 1875년에 쓴 작품이에요. 미국 인디언들이 주인공으로 나오는 모험소설로, 100년이 넘는 시간 동안 독일 청소년들에게 오래오래 사랑받았어요.

◆ 아스테릭스

프랑스의 작가 르네 고시니(René Goscinny)가 쓰고 만화가 알베르트 우데르조(Albert Uderzo)가 그림을 그린 만화의 제목이자 주인공의 이름이에요. 이 만화는 프랑스를 대표하는 만화 시리즈로 지금까지도 어린이들에게 큰 인기를 받고 있어요.

◆ 샤보브스키

귄터 샤보브스키(Günter Schabowski)는 1989년 당시 동독 정치국의 대변인이었어요. 1989년 11월 9일 전 세계로 중계되는 생방송 기자회견에서 새로 바뀐 해외여행에 관한 법령을 발표했는데, 그는 전달받은 내용을 제대로 숙지하지 못했어요. 결국 앞으로 누구나 자유롭게 여행 비자를 발급받을 수 있다고 잘못 발표했고, 언제부터 가능하냐는 기자의 질문에 '지금 즉시' 가능하다고 답했지요. 그의 말실수로 인해 28년 만에 베를린 장벽이 허물어지게 됐어요.

국경을 넘어

◆ 바나나

당시 동독에서는 바나나가 귀한 과일이었어요. 장벽이 무너지던 날, 서독 사람들은 동독 사람들이 마음껏 먹을 수 있도록 바나나를 선물했어요.

◆ **환영금**
서독 정부는 서독으로 여행 온 동독 국민들 모두에게 환영의 뜻으로 100마르크(한화로 약 5만원)씩 환영금을 줬어요.

© 2009 Klett Kinderbuch, Leipzig/Germany
FRITZI WAR DABEI : Eine Wendewundergeschichte by Hanna Schott, illustrated by Gerda Raidt
© 2009 Klett Kinderbuch, Leipzig/Germany
Korean Translation ⓒ 2020 by Danielstone Publishing
All rights reserved. The Korean language edition is published by arrangement with
Klett Kinderbuch, Leipzig through MOMO Agency, Seoul.

이 책의 한국어판 저작권은 모모 에이전시를 통해
Klett Kinderbuch, Leipzig 사와의 독점 계약으로 뜨인돌출판㈜에 있습니다.
저작권법에 의해 한국 내에서 보호를 받는 저작물이므로 무단전재와 무단복제를 금합니다.

어느 날 장벽이 무너진다면

초판 1쇄 펴냄 2020년 2월 5일
   3쇄 펴냄 2021년 5월 17일

글 한나 쇼트
그림 게르다 라이트
옮김 유영미

펴낸이 고영은 박미숙
펴낸곳 뜨인돌출판(주) | 출판등록 1994.10.11.(제406-251002011000185호)
주소 10881 경기도 파주시 회동길 337-9
홈페이지 www.ddstone.com | 블로그 blog.naver.com/ddstone1994
페이스북 www.facebook.com/ddstone1994
대표전화 02-337-5252 | 팩스 031-947-5868

ISBN 978-89-5807-748-0 73850

이 도서의 국립중앙도서관 출판예정도서목록(CIP)은 서지정보유통지원시스템 홈페이지
(http://seoji.nl.go.kr)와 국가자료종합목록시스템 구축시스템(http://www.nl.go.kr/kolisnet)에서
이용하실 수 있습니다. (CIP제어번호 : CIP2020000605)

어린이제품안전특별법에 의한 제품표시
제조자명 뜨인돌출판(주) **제조국명** 대한민국 **사용연령** 만 8세 이상